デザイン行為の意味を問う

クリストファー・アレグザンダーの思考の軌跡

長坂一郎

彰国社

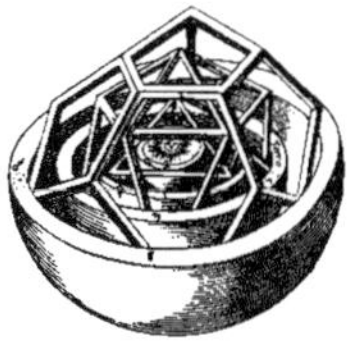

デザイン＝水野哲也（Watermark）
扉図版＝ケプラーの太陽系モデル

まえがき

どんなものをデザインしても、うまくいくときはうまくいくが、うまくいかないときにはどうにもうまくいかない。そういうことを繰り返すうちに、そこにはなにか秩序のようなものがあるのではないか、自分が今デザインしているものは単なる思いつきではなくなにか法則のようなものに従っていて、それがデザインの良し悪しを決めているのではないかと、つい考えてしまう。

そのような人の極端な例がクリストファー・アレグザンダーである。

それはおそらく、彼が建築を学ぶ前に数学を学んだからなのだろう。彼は常に「なぜ」「どうして」と問わないと気の済まない種類の人であった。その問いへの答えを手にするために、まさに数学者のように、物事の根源的な原理にまで立ち返って考えないと納得のいかない人であった。アレグザンダーはデザインについて徹底的に考えた。それは、およそ普通の人が「デザインとは、つまりこういうことなのではないか…」とぼんやり考えていることを、ひと通り考え尽くしたのではないかとさえ私には思える。

アレグザンダーは、その長い研究生活の中で幾度も考えを変化させている。そしてその変化は、後から振り返ると驚くほど論理的なものであり、かつ必然的なものでもあった。そこには、数学者としての訓練を受けた精神が持つ強靭な論理性があった。だから、彼のデザイン探求の道筋を追うことは、デザインというものの姿を仮説・検証のサイクルに従って科学者のように論理的に追い詰めていく、そうした迫力に満ちている。

一方で、彼のデザインのとらえ方は理想的であるがゆえに単純で当たり前であり、あるときは極端に素朴に思えることさえある。そこには、奇をてらうようなところがまったくない。それは、自明なことから自明なことへと至る数学の証明を見るようである。しかしデザインは、当然のことながら数学の証明のように厳密に定義された枠組みの中でなされる行為ではない。多くの研究者は、デザインという行為はよく定義されていない「やっかいな問題（wicked problem）」であるとして、それは自然科学の一分野のようには理論化できないものだと断じている。

アレグザンダーは、デザインを人の好みの問題だとして済ませることは決してしなかった。デザインには誰もが受け入れられる客観的な基準があり、その基準に照らせば現代の建築はゴミのようなものだと主張し続けた。そして、彼は大学の同僚や建築界の人々から罵声を浴びせられ、建築のメインストリームから締め出されることとなった。

アレグザンダー自身が認める通り、彼の理論には現実世界にそのまま応用しようとするとうまくいかないところが確かにある。しかし、現代社会では当たり前だと思われている不合理な仕組みを廃し、素朴に、純粋にデザインについて考えたらやはりこうなるのではないか、彼の理論がうまくいかないのは、もしかするとその理論自体の問題ではなく、その理論の適用を妨げる現代社会のさまざまな仕組みの問題なのではないかと思わせるほどの魅力が、彼の理論にはある。また、ソフトウェア工学や社会科学など建築以外のさまざまなところで彼の理論が応用されていることは、その理論が備える普遍性、一般性を示しているようにも思える。

こうしたことを考えれば、今、アレグザンダーのデザイン理論を理想主義的で実現不可能なものとして切り捨てる前に、デザインについて徹底的に考え、その考えを愚直なまでに実行に移した二十世紀最大のデザイン研究家・建築家の試行錯誤の軌跡をたどることは、決して無駄なことではないだろう。

目次

まえがき　3

I　クリストファー・アレグザンダーという人　9

特異な経歴／デザインの目的／ガラス玉演戯／調和をめざして

II　デザインの見方　15

デザインという問題／デザインの三つの段階／人の発達とデザイン

III
徹底的な合理主義　『形の合成に関するノート』　31
モダニズムへ／「形は機能に従う」／システマティックな世界理解／バウハウス／「方法」の起源／『ノート』の方法

IV
人の認識の構造　『都市はツリーではない』　63
セミ・ラティス／都市の構造／ツリー構造の由来

V
良い形を特徴づけるもの　認知心理学研究　73
知覚と寸法体系／視覚上の美意識について／サブ・シンメトリー

VI
徹底的な機能主義　『パターン・ランゲージ』　99
ニーズの分析／デザインが求められるとき／幾何学的関係／フォース／ルール・システム／システム／パターン・ランゲージ／パターン・ランゲージの失敗

VII 調和をめざして 『秩序の本質』 129
形と価値／自然の二元分裂／パターン・ランゲージの失敗の原因／中心的な価値基準への接触／生きた構造／秩序／全体性／センター／機能と装飾／幾何学的特徴／構造保存変換／神

VIII 闘い "The Battle" 163
闘いの連続／『バトル』／敷地計画：白い旗をめぐる事件／システムAとシステムB／パターン・ランゲージ／センター／建設／直営方式／建設費／信用の喪失と回復／奇妙な契約／逃亡と奇跡

あとがき 188

Ⅰ　クリストファー・アレグザンダーという人

特異な経歴

アレグザンダーは、一九三六年にウィーンで、ユダヤ教徒の母とカトリック教徒の父の間に生まれた[1]。その後ドイツ軍によるウィーン侵攻にともない、イギリスに移住した。

八歳にして科学者になろうと決心し、パブリック・スクールを経て、一九五四年にトップの成績でケンブリッジ大学トリニティカレッジへ入学。奨学金を得て化学と物理を学び、その後数学へと進んだ。そして、ケンブリッジ大学で建築の学士号と数学の修士号を得た後、一九五八年にアメリカに渡り、ハーバード大学で建築の博士号を取得した。ハーバード大学で建築の博士号を得たのは、アレグザンダーが初めてであった。

ハーバードで建築の博士課程に在籍していたとき、同時に、マサチューセッツ工科大学で交通に関する理論と計算機科学についても研究し、加えてハーバード大学で心理学者ジェロム・ブルーナーのもとで認知心理学の研究も行っている。その後、一九六五年からカリフォルニア大学バークレイ校の建築学科で教育研究に携わる傍ら、一九六七年からは「環境構造センター(Center for Environmental Structure: CES)」というＮＰＯを設立し、実践を通して自らのデザイン理論を検証してきた。

現在はイギリスのサセックス州アランデルで、建築の設計および本の執筆を活発に行っている。

デザインの目的

アレグザンダーは二〇一二年に出版された著書『バトル』[2]の冒頭で、彼が五十年以上追い求めてきた建築像を明確に記している。

すべての建築の目的、その幾何学的構成の目的とは、生き生きとした場所をもたらすことである。建築の中心的な課題は、人が生きるに値する暮らしを送れるように、生き生きとした心地よさ、深い満足――時には刺激――を維持し、促進するような構造を創造することである。このような目的が忘れ去られたとき、語るに足る建築などまったく存在しない。

彼のデザイン理論は常にこの一点をめざして構築されてきた。「人が生きるに値する暮らしを送れる」環境を提供すること、この一点だけを。現在私たちを取り巻く環境は、このような目的が忘れ去られた結果としてでき上がってしまったものとしか彼には思えなかった。それをなんとか変えなければならないという思いが、彼をデザイン理論の構築に向かわせた。

ガラス玉演戯

このような目的を達成するために、アレグザンダーはどのような理論を探し求めていたのだろうか。そのヒントは彼の比較的初期の小論、ヘルマン・ヘッセの『ガラス玉演戯』についての論考の中にある。以下、この小論の冒頭部分を引用する。

『ガラス玉演戯』は、ヘルマン・ヘッセの偉大な想像上のゲームである。そこではすべての構造――音楽、数学、歴史、社会、政治、物理、化学、生物、そして映像――が、ある一つの方法で表現されている。だから、そのゲームのプレイヤーたちはある一つの視点からこれらの領域を一度に見渡すことができ、そして、このゲームの枠内でこれら多くの領域の内容を互いに操作できる。

このようなゲームは実在しない。ただ、このようなゲームが実現するかもしれないという可能性は興味をそそるものである。もし存在するとなれば、それはどうしても必要なものだから、そのゲームに対する入念な予想が求められよう。その予想とは「今現在、芸術と科学の異なる分野に散らばっている構造に関するさまざまな概念のすべてが、ある一つの観点から理解できるような構造についての統一概念を考え出すことが可能だ」というものである[3]。

この文章からもわかる通り、アレグザンダーが求めていたものは「構造についての統一概念」である。もちろん、すべての構造がある一つの方法で表現されるような「ガラス玉演戯」は、彼が書いている通り実在しない。しかし、文系も理系も、機械も建築も、グラフィックもインダストリアルも、紙もＷＥＢも、あらゆる分野・対象に及ぶデザインという領域であれば、この「ガラス玉演戯」を実現できるのではないかとアレグザンダーは考えた。もし、このような「構造についての統一概念」が得られたとしたら、アレグザンダーはその概念を使って何を表現しただろうか。

それは、端的に言えば「美しいもの」の構造である。

「構造についての統一概念」についてまだなにもわかっていないのであるが、それを明らかにする方法ははっきりしているとアレグザンダーは言う。その方法とは以下の三つのステップで構成される。

1　自然の中に見られる構造を明確に記述する

2　人が視覚的に認知しやすい構造を明確に記述する

3　これら二つの構造の間にあるさまざまな関係を説明する

つまり、自然の中に見られる「美しいもの」の構造を明確に記述し、その「美しいもの」をわれわれがなぜ美しいと認知するのかを明確に記述する。そして、これらの関係を客観的に説明し、誰もがその美しいものの構造を互いに操作できるようにすること。これが、アレグザンダーが一貫して行ってきたこととの内容である。

調和をめざして

音楽、数学、歴史、社会、政治、物理、化学、生物…に共通する美しいものの構造とは、どういったものだろうか？　アレグザンダーのデザイン理論はこれまでの五十年の間に本質的な変化を幾度も遂げているのであるが、この問いへの答えは常に同じであった。

それは「美とは調和である」というものである。

モノは、美しいとき、その構造の中になんらかの調和が見られる、と彼は繰り返し述べる。アレグザンダーの諸理論は、ひとことで言えば、この調和が何と何の間の調和なのかということと、調和していると言えるためにはどのような条件を満たす必要があるのかということについての変奏曲である。その旋律は、自然について、人の認知について、環境について、人工物について、最後に宇宙について、というように移り変わっていったが、その手法は、その「調和」をとにかく客観的に明らかにするという方針で貫かれていた。そしてアレグザンダーは、科学者がするように、これらの理論をつくり出すと同時に実践を通してその理論を常に検証してきた。次章から、この「調和」をどのようなものとしてアレグザンダーは表現してきたのか、また検証の結果として何がわかり、何がわからないままとなったのかを見ていく。

Ⅱ　デザインの見方

デザインという問題

アレグザンダーは自分のことを科学者だと考えていた。

科学者がデザインについて考えるときに最初にすることは、デザインについて最も確実であり、誰もが受け入れられることを見つけ出し、そこから考え始めることである。間違ったことを仮定してそこから考えを発展させてしまうと、得られた結論が正しいのかどうかわからなくなってしまうからである。それでは、すべてのデザインに共通する最も確実なこととは何だろうか。

アレグザンダーはそれを

デザインの究極的な目標は形だ

という言葉で表現した[4]。

この「形」には、三角形や円などの幾何学的な形はもちろん、モノの持つ構造や仕組み、その構造が可能にするモノの働きも含まれている。こういった広い意味での「形」を生み出さないようなデザインはなかなか思いつかない。最近では「コミュニケーション・デザイン」という言葉を目にすることが多くなったが、ここでも、デザイナーが生み出しているものは、コミュニケーションそのものというよりもそのコミュニケーションを可能にする仕組みである。デザイナーがいなくなったとたんにそこからコミュニケーションが消えてなくなってしまっては、やはりそれはデザインとは言わないだろう。そこに継続的なコミュニケーションを支える仕組みを生み出してこそ「コミュニケーション・デザイン」と言えるのである。つまり、デザインはこうした広い意味での「形」を生み出すことをめざして行われる活動なのである。

さて、デザインの目標は定まった。形である。しかし、それはどんな形でもよいということではもちろんない。目標というからには、そこにはめざすべき方向があるのだろう。デザインは何をめざして行われているのだろうか？

図1　イームズのシェルチェア*1

イームズ夫妻という二十世紀を代表するデザイナーがいる。彼らのデザインした家具は、今でも多くの人々が日常的に目にしていることだろう（たとえば図1）。デザインは、大衆に向けたものでもデザイン意識の高い一部の人たちに向けたものでも、彼らの家具を購入できるお金持ちの人――実際、彼らの家具は高い――に向けたものでもなく、ニーズに向けて行われる、と彼らは述べている[5]。そして、デザインに求められる第一の要件として、このニーズを認識することを挙げている。彼らのつくり出すさまざまなプロダクトを見ていると、それらは確かに、特定の人やグループに向けてデザインされたものではなく、もっと一般的な、人間や自然や社会の根底から発せられるニーズに向けてデザインされているように見える。ただ、「ニーズ」という言葉ほど曖昧なものはない。この「ニーズ」と呼ばれるものをとらえるために、クライアントに質問したり、市場調査をしたり、人を観察したり…と、デザイナーたちはさまざまなことを試みる。しかし、これぞニーズと言えるようなものはなかなかとらえられない。これが難しいからこそイームズ夫妻は「ニーズを認識すること」をデザインに求められる第一条件としたのだろう。

ニーズの認識は難しい。しかしそのニーズがどこから来るかははっきりしている。それは(当たり前だが)、まだ実現されていない形以外のところ、まだ見ぬ形を取り囲む周囲の状況、近い将来にその形が実現されるかもしれない場所から来ている。それをアレグザンダーは「コンテクスト」と呼んだ。

たとえば「やかん」をデザインしているとしよう。私たちがこれから毎日使おうと思っている「やかん」には、めざしている場所がある。その「やかん」を日常的に使う状況である。それはキッチンのコンロの上であり、それを使う家族であり、その家族の家であり、さらには、その家族を取り囲む社会的、経済的状況であり、かつまたその「やかん」をつくる工場であり、使われる材料であり、その材料を供給する国であり、廃棄する場所である。アレグザンダーはこうした事柄をひとまとめにして、「コンテクスト」という言葉で表現した。つまり、ここでの「コンテクスト」とは求める形を取り囲む世界の状況すべてを意味しているのである。

確かに、これもすべてのデザインに当てはまりそうだ。形を生み出す限り、それが生み出される先としての世界は必ずあるだろう。デザインはそこをめざして行われる。少し一般的すぎるような気もするが、取りあえず間違いのない出発点ではあるだろう。

こうして、デザインがめざすもの――形――とそのめざすところ――コンテクスト――が揃い、デザインを考える上でかなり確からしい枠組みができ上がった。このような枠組みを前にしたとき、科学者が次にするのは、解くべき問題を定義することである。自然を観察し、その自然に対するある見方を可能にするような枠組みを設定しただけでは科学者の仕事は終わらない。設定した枠組みによって初めて明らかとなる問題を発見してこそ、その問題を解くことが可能となるのである。

それでは、デザインの問題とは何か。それは「デザインの究極的な目標は形だ」と宣言した直後の次の言葉に要約されている。

すべてのデザインの問題は、次の二つの実在の間に適合性をもたらそうとする努力から始まる。その二つの実在とは、求める形とそのコンテクストである[4]。

このことは「やかん」の例を考えるとわかりやすいだろう。「やかん」をデザインするということは、「やかん」が日常的に使われる状況に適合し、その経済的・社会的状況に適合し、つくる場に適合し、材料やその材料の供給先に適合し、「やかん」を最終的に廃棄する場所に適合する、そうした「やかん」の形（「やかん」の構造や仕組み、その構造が可能にする「やかん」の働き）を求めることである。

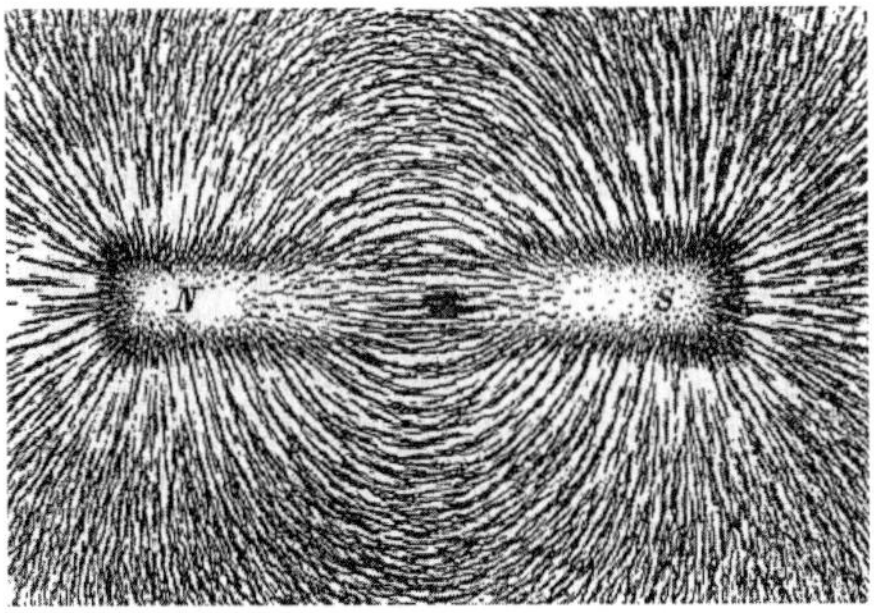

図2　磁場の中の砂鉄*2

アレグザンダーはこの関係を、磁場に置かれた砂鉄（図2）という美しい例によって説明している。紙の上に撒かれた砂鉄を磁場の中に置くと、印象的なパターンが現れる。それは均質なものでもランダムなものでもなく、ある一定の形を成している。この形は、磁場に置かれている砂鉄一粒一粒に、磁場によって生み出された力が作用した結果として現れてくるものである。

この磁場からの力と、その力に従うことで現れてくる砂鉄の形は、ちょうどコンテクストとその求める形との関係と同じだとアレグザンダーは考えた。そして、コンテクストからの力がイームズ夫妻の言う社会からの「ニーズ」に相当し、「やかん」の例では「やかん」に求められるさまざまな条件に相当するのである。言い換えれば、コンテクストとは求める形に対して要求条件（力）を提示してくるものであり、その要求という力に形を適合させようとする努力のことを、私たちはデザインと呼んでいるのである（図3）。

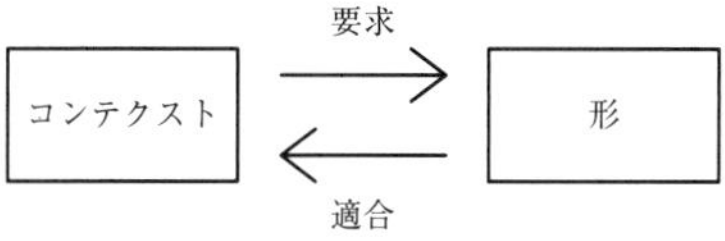

図3　デザインという問題

デザインという問題をこのように定義すれば、形はその問題の解であり、コンテクストとはその解くべき問題を規定しているものとなる。そして、デザインの解が求まるということは、砂鉄が磁場に適合して一定のパターンを示すように、形がコンテクストからの要求に適合し、その結果として形が定まることとなるのである。

デザインの三つの段階

デザインという問題が定義できたら、次にすることは、その解き方（デザインプロセス）を考えることである。アレグザンダーは、その解き方の発展には大きく分けて三つの段階があると考えた。

最初の段階では、デザイナーは、私たちが暮らす現実世界の中で求める形とじかに触れ合うことを通して、その現実世界というコンテクストに適合する形を求めようとする。これは、たとえば食卓用のナイフやフォーク、スプーンのセット（カトラリーと呼ばれる）をデザインするときに、いくつもの試作品をつくり、実際に食卓でそれらを使ってみて不具合を見つけ、また新たに試作品をつくるというような作業を繰り返すことで、食卓というコンテクストにぴったりと適合する形を見つけ出そうとするようなデザインプロセスである。ここでは形とコンテクストが現実の世界の中で突き合わされ、その適合性が検証されている。こういったプロセスは、まさにその形がめざすところで検証されているため、実際につくってみたらスプーンが口に入らなかったというような間違いが少ないから、ある意味で理想的なデザインプロセスと言えるだろう。私たちが日常的に使っている多くの道具たち、たとえば金槌やスコップなども、こうしたデザインプロセスを経て、長い時間をかけて私たちの生活の中で幾度も修正され磨かれていくうちに、生活の場にぴったりと適合する形が見出されてきたのである。

ただ、このデザインプロセスには限界がある。たとえば、求めるものが住宅の形だったらどうだろうか。もちろん、その敷地に実物大の模型を建てて、少しずつ形を変えながら現実のコンテクスト（つまり、そこで人が暮らしているという状況）の中で形を求めていくことは可能ではあるが、これは現実的ではないだろう。なぜなら、そうすると今度は、時間やコストというコンテクストからの別の要求に応えられなくなってしまうからである。

さらに、情報の共有についての限界もある。カトラリーの例のように現実のコンテクストの中で形をデザインしていったとしたら、そのデザインの意図を他の人に簡単には伝えられないだろう。スプーンの形を手で触らせてみて「どうだ、わかるだろう?」と言ったところで、わかる人にはわかるし、わからない人にはわからない。

このようなことは職人の世界でよく見かける。包丁や大工道具を研ぐなどということは、もうほとんど個人の感覚の世界である。求める形とは食材や木材が切れる形であり、そして、その切れ味ができるだけ長続きすることが望ましい。なぜなら、その道具を使うコンテクストがそうした形を求めているからだ。しかし、その形を得るには現実世界の砥石の上で、手からの感触を頼りに道具の刃先の形を整える以外に方法はない。そして、厨房で食材を実際に切る、現場で木材を実際に削ることでしかその形の適合性を測る手段はない。だから、刃物の研ぎというものは、多くの場合現実の世界の中でしか伝えられず、時と場所を違えた人との間でその情報を共有するのが難しいのである。

このように、コンテクストが提示してくる要求に適合する形を、現実の世界の中でつくりながら求めていくというプロセスが実現するのは、デザインする者とつくり出す者が一致し、そして、その適合性を測るコンテクストが身近にある場合に限られる。しかもその適合性は、その形をつくり出すプロセスについて身をもって体験させることでしか伝えることができない種類のものである。

デザインプロセスの次の段階は、この現実世界におけるコンテクストと形を、なんらかのイメージによって代用することから始まる。デザイナーが家をデザインするとき、初めは敷地を見に行ったりするが、実際にデザインするときにはその敷地を自分の中にイメージとして取り込み、それをスケッチや図面にして、その想像上の敷地の上でデザインを進めていく。家の形も、現地で実物大

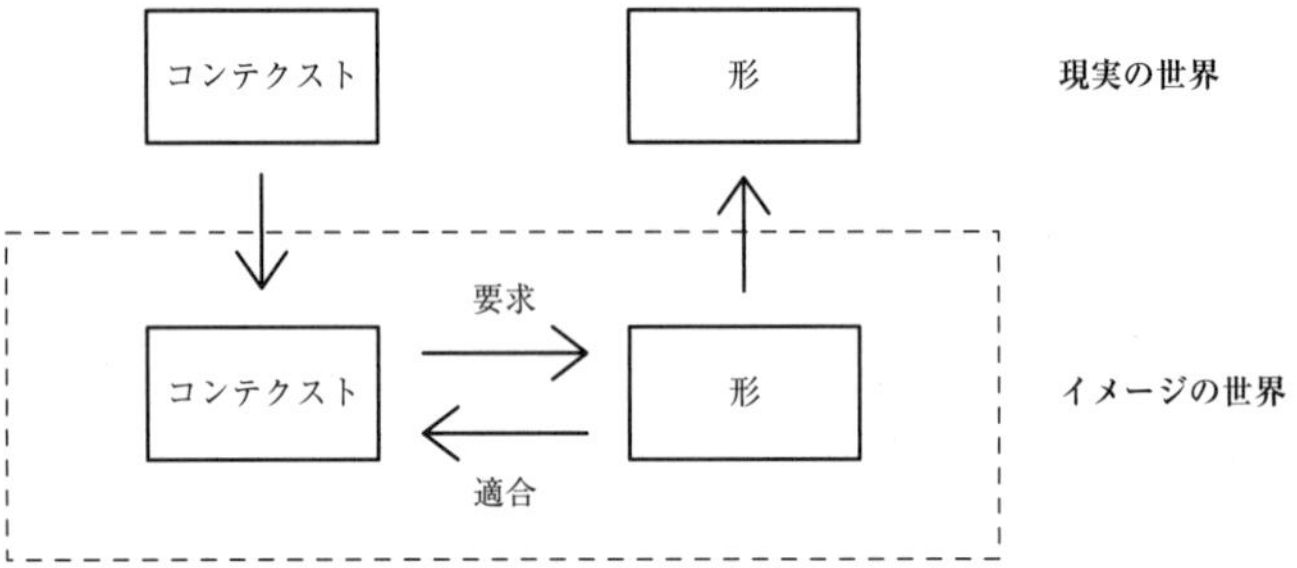

図4　デザインの第二段階

の模型を手づくりするのではなく、イメージされた敷地の上に想像上の形を描き込んでいく。こうしてコンテクストと形は共に現実の世界から離れ、デザイナーのイメージの世界の中でデザインが進んでいくのである(図4)。

このとき、デザインの問題もまた次の段階へと移行する。つまり、「コンテクストに適合する形を求める」という問題が、「イメージ上のコンテクストに適合するイメージ上の形を求める」という間接的なものに変化するのである。そして、イメージの世界でのデザインが終わると、そのイメージ上の形が現実の世界で実現される。家であれば、図面というイメージに基づいて現実の敷地上に本物の家が建設される。ここで初めて、リアルなコンテクストの中にその形が置かれ、現実の世界の中で本当の適合性が測られることとなる。

イメージの世界で進行するデザインプロセスは、間接的であるがゆえに、現実世界の中だけでデザインを進める場合に比べて間違う可能性が高くなる。まず、現実のコンテクストをデザイナーが正確にイメージできていたか、という問題がある。家の場合だったら、敷地の図面くらいは正確に描けるだろう。しかし、アレグザンダーのいうコンテクストはそうしたことに限らなかった。求める家に対して要求を提示してくるものすべてがコンテクストなのであった。その中にはクライアントからの要求もあるだろうし、敷地周辺の住民からの声なき要求もあるだろう。法律もあるし、コストの問題もある。こうしたことをコンテクストから正確に読み取り、イメージ上のコンテクストに翻訳するのはなかなか難しい作業である。おそらく、経験豊かなデザイナーとそうでないデザイナーの能力の差が最もはっきりと現れるのは、このコンテクストからの要求を正確に読み取るときなのだろう(だからこそ、イームズ夫妻は「ニーズを認識すること」をデザインに求められる第一条件としたのだった)。

そして、仮にイメージ上のコンテクストに適合した形がイメージ上で得られたとしても、それをそのままリアルな敷地上に実現するのは、これまた困難な作業である。特に家や工業製品などは、通常、デザインする人とそれを実際に製作する人は異なっている。また、家のように実物大の模型を事前に用意できないときは、実物大の家の形をデザイナーが初めて経験するのは、その形が現実世界で建設されたときとなる。このとき、自分のイメージしていた大きさと実現された家の大きさが細部に至るまでピッタリと合うことは、経験豊かな建築家でさえなかなかない。おおむね合っていたとしても、細かいところで「ここはこんなに広かったのか…」と思うものである。またその家に住むクライアントのほうも「こんなはずではなかった…」と感じることも多々あるだろう。このギャップを埋めるには、やはり試行錯誤を繰り返す以外に方法がない。

このような弱点はあるにしても、今日の工業製品や住宅の多くは図面、特に最近では電子化され

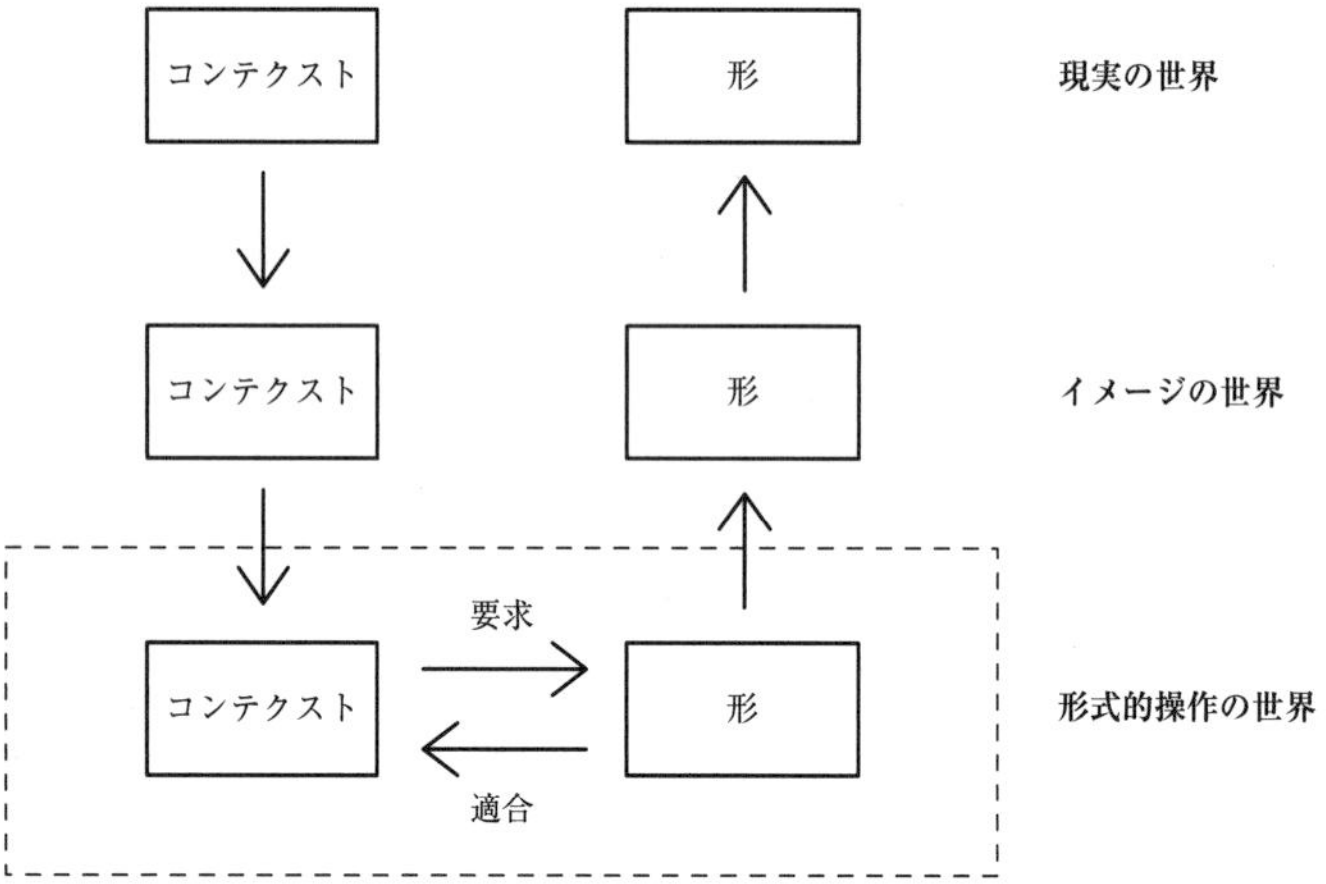

図5　デザインの第三段階

た図面上でデザインされており、ほとんどのデザインはこのイメージの世界で行われている。ただ、もちろん弱点ばかりではない。イメージ上でデザインを行うことによりデザインの変更が容易になり、また、実物をつくらないためコストが下がる。加えて、図面を共有することでデザイナー同士や製作者との間のコミュニケーションが容易になると同時に、デザインを学ぶ多くの者がその図面を読むことによって、その図面を作成したデザイナーの意図を間接的に学ぶこともできる。

ただ、このようにしてイメージ上でデザインしていても、やがて限界はやってくる。今度の限界は情報の量からもたらされる。

個人の家であれば、図面と少しの書類でなんとか乗り切れるかもしれない。それでも、家の構造の細かい点や、小さな部材に至るまで列挙された見積もり書、関連する法律、熱心なクライアントとのやり取りなど、処理しなければならない情報は増えることはあっても減ることはない。この増大する情報がデザインプロセスを次の段階へと導く。デザインプロセスの形式的操作の段階である（図5）。ここでは、第二段階で用いられたイメージをより一般的で抽象的な記号で表し、コンテクストと形の適合というデザインの問題を、一種の科学の問題として数学的に解けるような形にする。このデザインプロセスを詳細に解説したのが、アレグザンダーの博士論文『形の合成に関するノート』であった。この論文の内容については次章で紹介する。

人の発達とデザイン

これでアレグザンダーの言う「デザインの三つの段階」が揃った。それらは、

1　現実世界の段階
2　イメージの段階
3　形式的操作の段階

である。

デザイナーが扱う対象が大きくなり、またその情報量が増えるにつれて、それを解くプロセスがこのような三つの段階に沿って発展していくことは、ある程度自然なことであろう。このようなデザインプロセスの発展を考えるとき、アレグザンダーは、ハーバード大学時代の恩師の一人である

心理学者ジェロム・ブルーナーによる子どもの知的発達に関する理論を参考にしていた。それは「表象作用の三段階」[6]と呼ばれ、人間が幼児から大人に発達する過程で、自分の住む世界のとらえ方がどのように変化していくのかを説明する理論である。

その第一段階は「動作的表象の段階」と呼ばれるもので、五、六歳までの子どもが、自分の行動を通じて世界に働きかけることで世界を表象し理解する段階である。たとえば、ボールを高いところから落として弾むのを見て、ボールというものは弾むものだと理解したり、二つあるお菓子を一つ食べたら残りは食べた分だけ減っていることを知るというような、自らの行為によって引き起こされる世界の変化に基づいて世界をとらえる段階である。

発達の次の段階は、動作的表象の段階における経験をイメージとして心の中に取り入れ、自分が行動しなくてもそのイメージを使うことで現実世界の問題を解決できる段階である。それは「映像的表象の段階」と呼ばれ、十歳から十四歳までにはこの段階に達するとされる。たとえば、この時期以降には、実際にボールを壁に投げなくてもボールが壁に当たって跳ね返る角度を心の中でイメージできるため、子どもは、ボールを投げると跳ね返ってきそうな所でボールを待つようになる。

ここまで見てきても、アレグザンダーがデザインプロセスの三つの段階を考える上で、ブルーナーの理論を忠実になぞっていることがわかる。現実世界でコンテクストと形が直接対峙する図式はブルーナーの「動作的表象の段階」に対応し、デザイナーのイメージの世界でのデザインの図式はブルーナーの「映像的表象の段階」に正確に対応している。

さて、ブルーナーの表象作用の三段階の三つ目は「象徴的表象の段階」[6]と呼ばれるものであった。十歳から十四歳を超えた子どもたちは、自分の行動を通して経験したことによって蓄えてきたイメージのストックを超えて、今まで経験したことのない問題についてこれまでの経験に基づいて仮説を立て、そこから類推して答えを導き出せるようになるという。ブルーナーの著書『教育の過程』に出てくる例では、背が高くて細い容器と背が低くて太い容器に同じ数のビー玉をぴったり入れることができたという経験から、同数のビー玉を入れられるということは、同じ空間の量がそこに保存されているということだ、という仮説が子どもたちの心の中につくられる。その仮説を他のもの、たとえば同じ個数の積み木で組み立てられる複数の形に適用し、それらの体積は等しいという答えを導き出せるようになる。そして、このような能力がベースとなり、やがて言葉や抽象的な記号を使い、論理的な三段論法のような推論の規則に従って、高校で習うユークリッドの幾何学の問題や、大学で習う集合論のような高度な抽象概念を操作できるようになるという。そのため、この象徴的表象の段階は形式的操作の段階とも呼ばれている。

アレグザンダーの『形の合成に関するノート』はデザインプロセスの三番目の段階についての話であり、このブルーナーの形式的操作の段階に基づいて展開されている。

Ⅲ 徹底的な合理主義

『形の合成に関するノート』

モダニズムへ

一九六〇年、アレグザンダーは「革命は二十年前に終わってしまった」という論文を発表する。この二十年前、つまり一九四〇年に終わってしまったと言われているのは、デザインにおけるモダニズム革命のことである。この一九三〇年代を中心とした「革命」では、コルビュジエやミース、バウハウスの設立者グロピウスら、数名のスターデザイナーたちが、それ以前のデザインのあり方を根底から覆すような活動をしていた。当時は、「モダン」でありさえすれば今までになかったという意味で常に新しく、そして、その新しさが当時の若い世代のデザイナーたちを熱狂させていた。

しかしその革命から二十年も経てば、モダンであることはすでにモダンではなくなり、やることと言えば、二十年前のスーパースターたちのコピーをするより他はなくなってしまっていた。アレグザンダーによれば、これは特に教育の場で問題となった。デザイン教育の教師たちは、そのスターたちの作品を紹介し、それをコピーすることが正しいデザインのあり方を学ぶ唯一の方法であるかのように振る舞った。アレグザンダーはケンブリッジ大学の建築学科でのこのような教育に幻滅し、アメリカに渡った。

おそらくアレグザンダーも当時予想していなかったと思うが、実は、この状況は二一世紀の現在まで続いている。モダニズムのデザインは、今でもデザインのメインストリームとして君臨しているのである。そして、デザイン学校の教育課程も、今もってバウハウス由来の方法が至るところで用いられている。企業の中で最もデザインを意識し、それによって成功していると言われるアップル社の製品を見れば、それがバウハウスをはじめとするモダニズムのデザイン思想に貫かれていることは明らかであろう。

このような状況に対してアレグザンダーは、同論文の中で「革命は二十年前に終わってしまった。私たちの作品は一九三〇年代の作品を凌駕しなければならない。それは正しい。ただし、一九三〇年代の作品がそれ以前の時代の作品を凌駕していたのとは違う仕方で凌駕するのである」と述べる。その凌駕の仕方の一つの例が『形の合成に関するノート』[7]（以下『ノート』）であった。一九三〇年代のモダニズムのデザインは建築家のイメージの世界で展開されたものであったから、アレグザンダーのデザインの三段階説では二番目の「イメージの段階」でのデザインだった。それを、今度はもう一段階先の「形式的操作の段階」においてデザインすることにより三〇年代のデザインを凌駕しようとするのである。それはスタイルにおける革命ではなく、手法における革命であった。

このように二一世紀になってもまだデザインの中心に位置する「モダニズム」というデザイン運動の性質を、『ノート』の内容を説明する前に少しでも明らかにしておくことは無駄ではないだろう。なぜなら、『ノート』で行われていることは、本質的には形式的操作を用いてこのモダニズムの手法を極限まで徹底させたものだからである。といっても、一九三〇年代のモダニズムの時代に何をもって「モダニズム」とするのかは、その革命を起こした当の革命家たちでさえはっきりとした答えを持っていたわけではなかった。

ここで、何がモダニズムを特徴づけているのか考えるために、十九世紀以前の建物と一九三〇年以降の近代的な建物を比較してみよう。たとえば、シャルル・ガルニエがデザインしたパリのオペラ座（ガルニエ宮、一八七五年、図6）とミース・ファン・デル・ローエが設計したファンズワース邸（一九五一年、図7）を見てみる。ミースのファンズワース邸は形がシンプルで無駄がない一方で、何か冷たく人間味が感じられないという印象を受けるのではないだろうか。

モダニズムを特徴づける言葉を思いつくままに挙げると、「合理的」「客観的」「機能主義」「機械」「科学」「技術」「抽象的」「単純な幾何学的形態」「装飾の否定」などがある。これらの言葉のうち、モノの形に直接関係しそうなものは「装飾の否定」であり、「単純な幾何学的形態」であり、間接的には「抽象的な機械のような形」というようなものだろう。これらをざっと眺めてみると、その中心に「機能」という考えが横たわっているように思

図6　ガルニエ宮[*3]

図7　ファンズワース邸[*4]

える。なぜなら、機械のような形とはその機能を理想的に表現した形であり、そのため、機能的ではないと思われる装飾を否定し、その結果として単純で抽象的な形が現れると考えられるからである。また、その形は機能的であるがゆえに合理的であり、そして、その合理性は機能的である限りにおいて客観的な事実とされる。だから、モダニズムは機能主義というもので特徴づけられるといってよい、と結論づけたくなる。はたして本当にそうだろうか?

「形は機能に従う」

デザインに関心のある人の多くは「形は機能に従う」という言葉を耳にしたことがあるだろう。この言葉は、ルイス・サリバンという建築家が一八九六年に出版した文章[8]の中に出てくる。近代以降のモダニズムに属するデザイナーのうち、この「形は機能に従う」という言葉に真っ向から反対した人はほとんどいなかったのではないだろうか。それほど、この言葉は強力な説得力を持っていた。しかし、この中心概念であるはずの「機能」について、当時合意された定義は存在していなかったし、現在もその状況は変わらない。なんとなく「機能」というものがあって、それに従って形というものはある程度客観的に定まると、今も昔も誰もが思い込んでいるのである。

ここで、デザインの文脈で使われる「形は機能に従う」という言葉について分析したミヒェルの議論[9]を紹介しよう。

まず、先にも書いた通り、この言葉はルイス・サリバンが十九世紀末に出版した文章の中に出てくるもので、この中で彼は、「形は機能に従う」ということは生物や無生物、また物理的なものや形而上学的なもののすべてのものが従う客観的な真理であると主張している。だから、客観的で科学的なものを無条件に受け入れる気分が支配的であった時代に、この言葉はぴったりとはまることができた。ここでミヒエルは、そもそもこの言葉はデザイナーが従うべき客観的な指針となり得るだろうか？　と問うのである。

ミヒエルはまず、「形は機能に従う」という言葉はある重要なことを隠蔽しているという。それは、機能は形に先立つ何かだということであり、機能は形とは独立して存在するということである。なぜなら、機能が形とは独立に、形に依存せずに前もって存在していないと、その機能に従う形をデザイナーは見つけられないからである。このことは、この言葉の中に当然のこととして含意されている。しかし、形に先立って存在するような機能などというものは、そもそも存在するのだろうか？　とミヒエルは問う。

サリバンはこの言葉を自然界の生物の形態進化のアナロジーから発したのであった。それでは、自然科学者は建築家やデザイナーと同じ意味で「機能」という言葉を使っているだろうか。たとえば、キリンの長い首の機能、シロアリの巣の独特の形が持つ機能、DNAの構造が持つ機能…、このような例を検討してみると、自然科学では「機能」という言葉はすでに存在している対象の形態を観察した結果として、その働きや動作、振る舞い、すなわち機能を導き出していることがわかる。つまり、自然科学では形が先に存在し、その形を観察した結果として機能を導き出しており、端的に言えば「機能は形に従う」のであって、デザインの場合とは従う方向が逆なのである。

ここで、私たちが日頃「機能」という言葉をどのように使っているかを振り返ってみると、実は二つの異なる意味で使っていることに気づく。たとえば扇風機の機能について考えてみよう。「扇風機はその前にいる人を涼しくするという機能を持っている」――これは、扇風機の機能についておそらく誰もが想定しているものだろう。もう一つは、「扇風機は羽根を回転させて(最近は羽根のないものもあるが)、一定の風速の空気の流れを発生させるという機能を持っている」というもので、これは自然科学者の観察記録のような表現である。

この二つの「機能」は何が違うのだろうか。最初の例は、扇風機がつくられたそもそもの目的・意図を表したものであり、後者は扇風機の実際の動作に関するものである。そして、後者は扇風機の実際の形に基づく動作であるのに対し、前者はその実際の形が成立する前に示されるその形がめざすところ、目標についてのものである。

ここでデザイナーと自然科学者の立場の違いが明らかとなる。科学者は本質的にものの観察者なのであり、その観察に基づいて実際の動作や働きに関する機能を記述する。それでは「形は機能に従う」の「機能」をこの実際の動作として解釈できるだろうか?　「形は実際の動作に従う」――こうは解釈できないだろう。実際の動作が行われているのだから、動作する形はすでに存在している。すなわち、デザイナーの仕事はすでに終わってしまっているからである。デザイナーは形をつくり出す行為者であり、科学者のように観察者の位置に立ち続けることはできない。行為者であるデザイナーにはその行為のめざす先が必要だから、そのめざすところを形の目的、意図された動作として表現するのである。扇風機の例では、扇風機を手にする前に、「その前にいる人を涼しくする」という目的に従ってその形を求めようとする。だから、デザインの文脈においては、サリバンの言葉は「形は目的に従う」と解釈すれば筋の通ったものとなるのである。

では、「形は目的に従う」または「形は意図に従う」という解釈は、サリバンが「形は機能に従う」という言葉に込めた意味と合致しているだろうか？　ミヒェルの答えはノーである。なぜなら、このように解釈するとサリバンのそもそもの主張、すなわち、生物も無生物も、物理的なものも形而上学的なものもすべて従うというその言葉の客観的な真理としての性格が台無しになってしまうからである。つまり、ある形の正しさの客観的な保証が、ユーザーやデザイナーの美的嗜好から独立していることが、この解釈のもとでは消え去ってしまうのである。

デザイナーが「形は機能に従う」という言葉を持ち出す場面を思い浮かべると、このことはデザイナーにとってかなり都合が悪いことだろう。この言葉は、ユーザーに「この窓はなぜこの形なのですか？」と尋ねられ「この窓は……という機能を担っているためにこの形でなければならないのです」と説得するための一つの道具であった。この言葉が説得力を持つのは、形が機能に従って定まるということが「高い所にある葉を食べるためにキリンの首は長くなったのだ」ということと同等の蓋然性を持っていると、なんとなく考えられてきたからであった。しかし、機能が単なるデザイナーの意図として解釈されたとしたら、この客観性は崩れ去ってしまう。「この窓の形は、私の……という意図を担っており、私の好みからすればこの形となるのです」とあけすけに言ってしまうことは、少なくとも二十世紀前半のモダニズムの文脈では許されない雰囲気があったのである。

ミヒエルの分析にはこの先がある。それは、目的や意図として解釈された「機能」が客観的なものだと主張する道が残されている、というものである。それは、その目的・意図をデザイナー個人のものとして解釈せず、人類全体であるとか神の目的・意図として機能を解釈する道である。そうすれば、「形は機能(目的)に従う」は、われわれ個人の嗜好から離れた客観的な基準としての力を回復する。もちろん、科学的な思考傾向にあったモダニストたちには、このような形而上学的な存在者にかかわる道は残されていなかったから、彼らにはこの道は閉ざされていた。しかし、後に明らかとなる通り、アレグザンダーは最後にこの道に進むことになる。

システマティックな世界理解

このように、モダニズムのデザインを特徴づけると思われた「機能」という考えは、時と場合によって都合よく解釈され得るものであり、あまりあてにならないものであった。それでは、モダニズムを特徴づけるものは何だったのだろうか？

鈴木博之は『建築の世紀末』[10]という著書の「近代精神」の章の中で、それを「自己の意識によって世界を把握し、そのようにして意識的に把握された世界に意味を認める」という態度だとした。しかも、近代精神は「システマティックに世界を把握」し、さらに建築においては「建築の各部分、各側面をひとつひとつ検討し、その総和として建築を捉えようとする」とも言う。すなわち彼は、システマティックに世界を把握し、その理解したものの総和として世界をとらえようとする態度、これがモダニズムを特徴づけるというのである。

アレグザンダーも、モダニズムの真髄はこのシステマティックな世界理解と、その理解したものの総和として世界をとらえることだと考えていた。デザインの問題を「コンテクストに適合する形を求めること」として定義したアレグザンダーは、この問題を解決するためにこのシステマティックな方法を採用した。それは「科学者」として当然の態度であった。

このシステマティックな世界理解と、理解したものの総和としての世界把握とはどのようなものなのか。それをはっきりと理解しようとするとき、近代哲学の祖であり、アレグザンダーと同様に数学者・科学者でもあったデカルトから始めるのがよいだろう。

デカルトは著書『精神指導の規則』[11]の中の規則第四で「事物の真理を探求するには方法が必要である」と述べ、「方法なしでやるくらいなら、真理の探求をまったく企てないほうが、はるかにまし」とまで言い切っている。その「方法」は、一般に「分析・綜合・枚挙」の方法と呼ばれている。この「分析」と「綜合」については、規則の第五で次のように書かれている。「複雑な命題を、段階を追って一層単純なものに還元し、かかる後、すべての中の最も単純なものの直観から始めて、同じ階段を経つつ他のすべてのものの認識に登り行こうと試みる」。ここで、「複雑な命題を、段階を追って一層単純なものに還元」するところまでを「分析」といい、「最も単純なものの直観から始めて、同じ階段を経つつ他のすべてのものの認識に登り行こうと試みる」過程を「綜合」という。

この前半の「分析」は、ものごとをより小さく単純な部分へと階層的に分解する過程となる。たとえば、右の「複雑な命題」のかわりに「家」を段階を追って単純なものへと分解していくことを考えてみよう(図8)。「家」はまず、上部と中部と下部に分けられ、上部は屋根と煙突に分けられる。中部は壁と窓に、窓はさらに一枚一枚のガラスへと分割される。下部は、そのまま基礎となる。

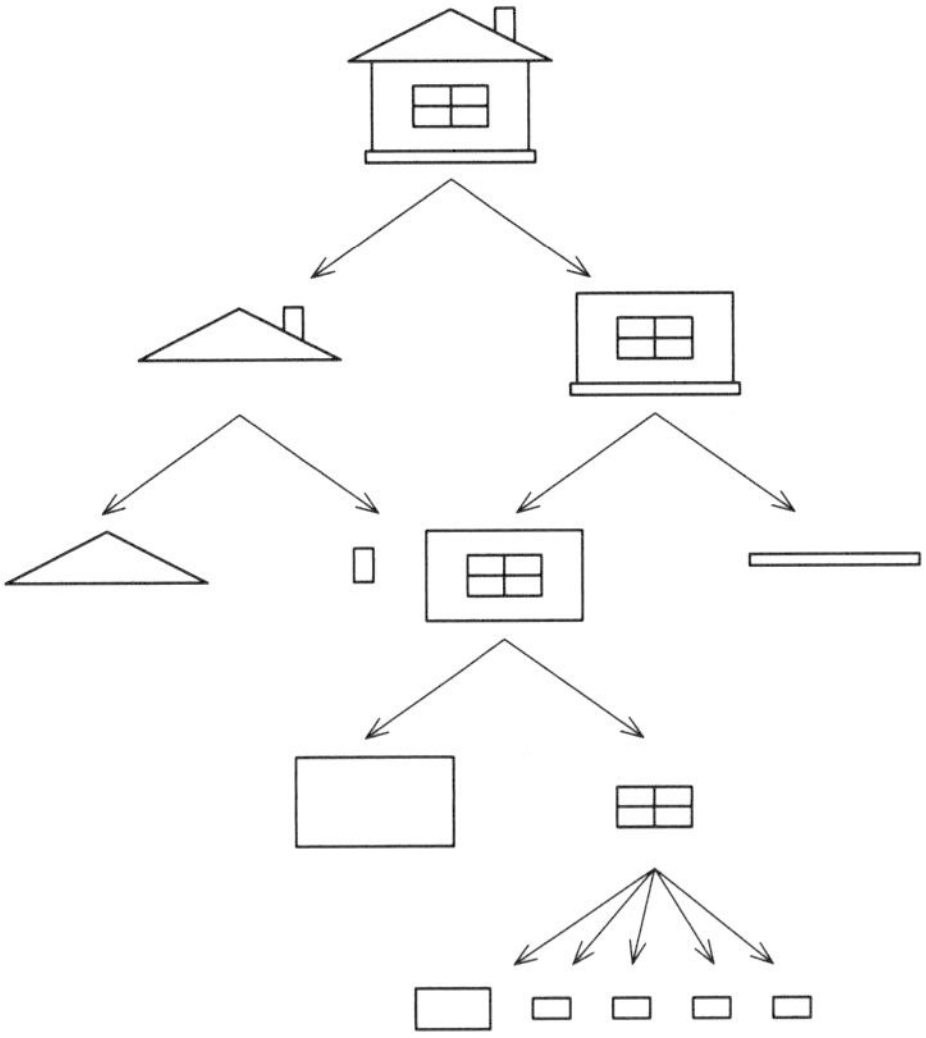

図8　家の分解

図8からもわかるように、分析とは、ツリー状(木のように分岐していき、その分岐の中に下から上に戻るようなループがない構造)をした過程を経てものごとを分解していく方法である。そして、このツリーの一番下にあるものは、これ以上分解できないほど単純なものか、私たちにとって十分に明確にとらえられるような対象である。もし明確な対象に至っていないのであれば、さらに分解を進めていく。

「分析」の後には「綜合」がくる。綜合では、分析とは反対の順序で「同じ階段を経つつ」、この分解されたものごとを組み合わせていく。家の例では、家のパーツを分解の過程とは反対に結合していく。煙突と屋根で家の上部ができ上がり、ガラスは窓へ、そして窓と壁を結合して家の中部ができ上がる。最後に上部と中部と下部を結合させて家のでき上がりである（図9）。

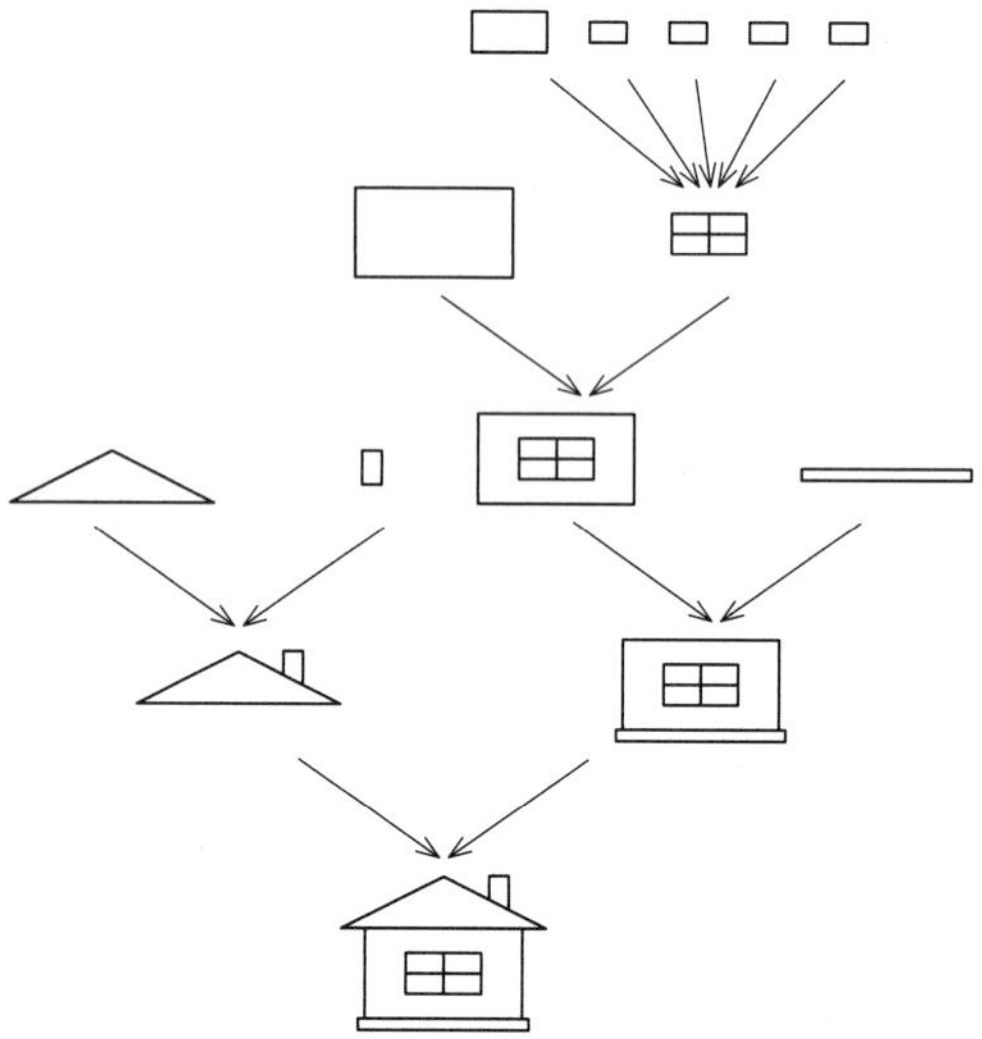

図9　家の綜合

そして、分析から綜合への各段階において「何ものも見落とすことがなかったと確信しうるほどに完全な枚挙」（『方法序説』[12]）が行われたかどうか、見直すことが求められる。

このデカルトの「方法」を数学や自然科学における「複雑な命題」のみならず、私たちの住む世界一般へとその適用対象を広げたのが、モダニズムにおけるシステマティックな世界理解（分析）と再構成（綜合）である。

バウハウス

こうしたことを明確な形で実行したのが、ワルター・グロピウスが設立した「バウハウス」という教育システムであった。バウハウスでの活動は多岐にわたるが、マイスターであったゲオルク・

図10　実験住宅*5

ムッフェがデザインした「実験住宅」[13]はそのめざすところをわかりやすく示している(図10)。

ここで問われる「複雑な問題」は、実験住宅を紹介する中でグロピウスが書いているように「われわれはどのように住もうとしているのか?」というものであった。この問いにムッフェは、「実験住宅」という「時代にふさわしい個人住宅のための原型(一九二三)」で答えた。それは、「住む」ということを当時の「科学的な研究や技術の発見を踏まえて」「最高の合目的的原理と経済性の原理」を用いて分析し、その結果を綜合することによって「住宅」を構成するものであった。

そのデザインは、「住む」という営みをより単純な要素に分解することから始められる。それは「家に入る」「客をもてなす」「調理する」「食べる」「風呂に入る」「寝る」「子どもが遊ぶ」「家族でくつろぐ」というようなものである。このように「住む」という営みを、デザイナーにとって明白にとらえられるようなレベルにまで分解した後、それぞれの要素に形を与える。別の言い方をすれば、デザイナーがそれぞれの要素に形を与えられるレベルにまで「住む」という営みを分解していく。ここでは、たとえばダイニングキッチンのように二つの営みが合成されており、そこでの行為が複雑になるようなものは分解が十分でないとされ、それを「調理する」「食べる」のレベルにまで分解する。そして実験住宅の場合、それらの要素に与えられる形は、単にそれぞれの営みが行えるために十分な面積を持つ四角形であった。それは「最高の合目的的原理と経済性の原理」を適用した結果なのであろう。

このように一つの営みに一つの形(部屋)を割り当てたら、この段階で「枚挙」が十分であったかを確認する。現代における「住む」という営みの中で見落としたものがなかったか、不要なものが含まれていないか、明白にとらえられるレベルにまで十分に要素は分解されたか。この点検に見落としがないと確信したら、次の段階である「綜合」へと進む。それは分析で得られた要素を分析とは反対の方向に段階を経つつ合成していくプロセスとなる。たとえば、「食事をする」は「調理する」「食べる」「くつろぐ」という三つの要素で構成されているとすれば、これらに対応する三つの空間もそれぞれ近くに配置されるはずである。あとは部屋間の移動が最小となるように各空間の配置を考えれば、この実験住宅の平面構成は定まる(図11)。

このように「住む」という営みを分解しておけば、たとえば、日常的に「客をもてなす」ことが

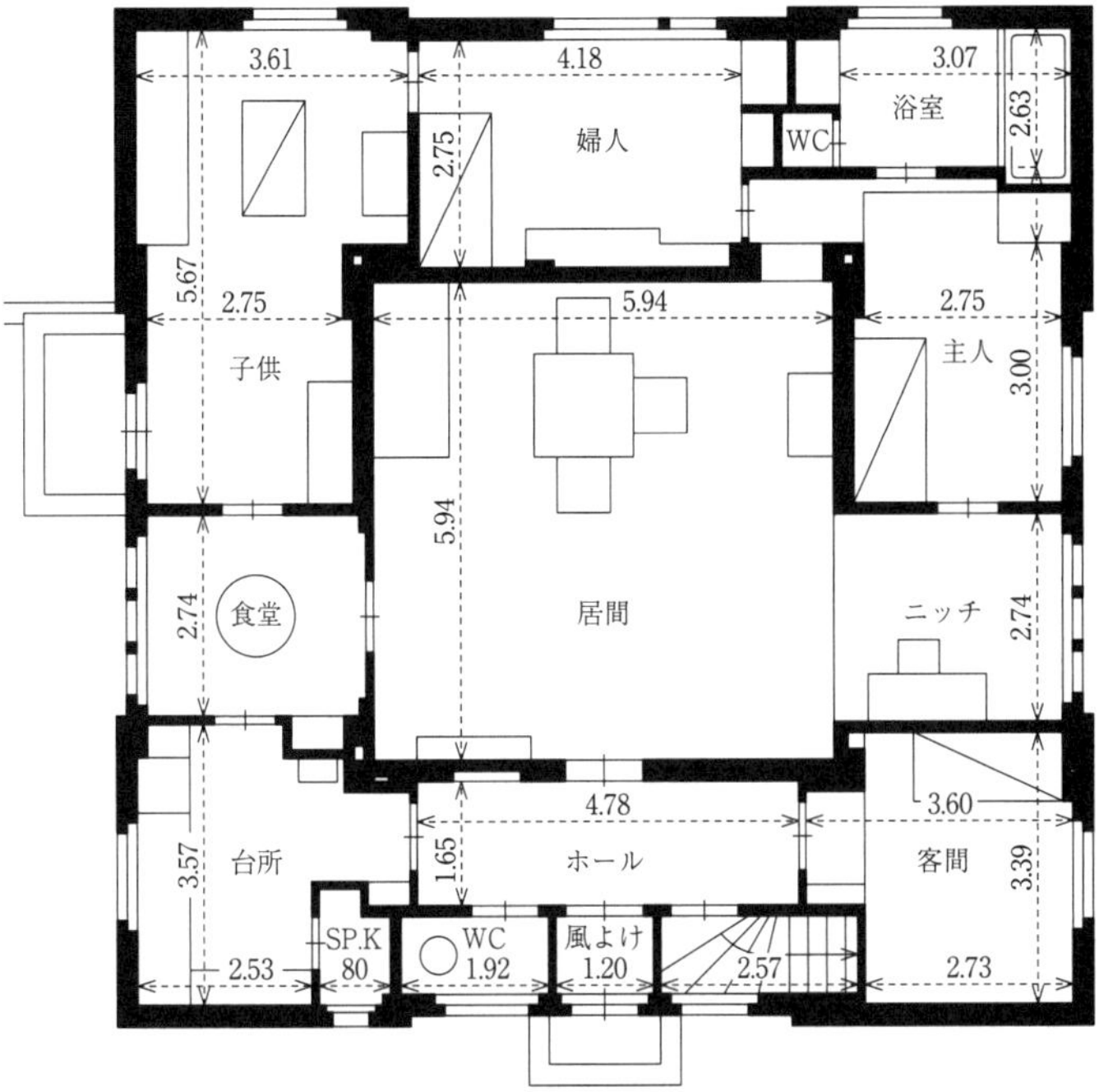

設計：ゲオルク・ムッフェ

図11　実験住宅の平面構成*5

ないときは客間を削り、子どもがいない家庭では子ども部屋を削るなどして、この実験住宅という「時代にふさわしい個人住宅のための原型」から派生型を簡単に再構成できる。実際、『バウハウスの実験住宅』[13]では、実験住宅の各部屋のユニットの組み合わせ方が数種類提案されている（図12）。バウハウスが徹底していたところは、この「分析・綜合・枚挙」の方法を、その教育システムにまで適用したことだろう（図13）。

　バウハウスを設立してから四年後の一九二三年に、グロピウスは「国立バウハウスの理念と形成」という文章を発表し[14]、バウハウスの教育システムについて説明している。その中で、バウハウスの活動の原則は以下のようなものであるとしている。

バウハウスはあらゆる芸術的創作活動を集めて、統一することをめざす。すなわち、すべての工作芸術的

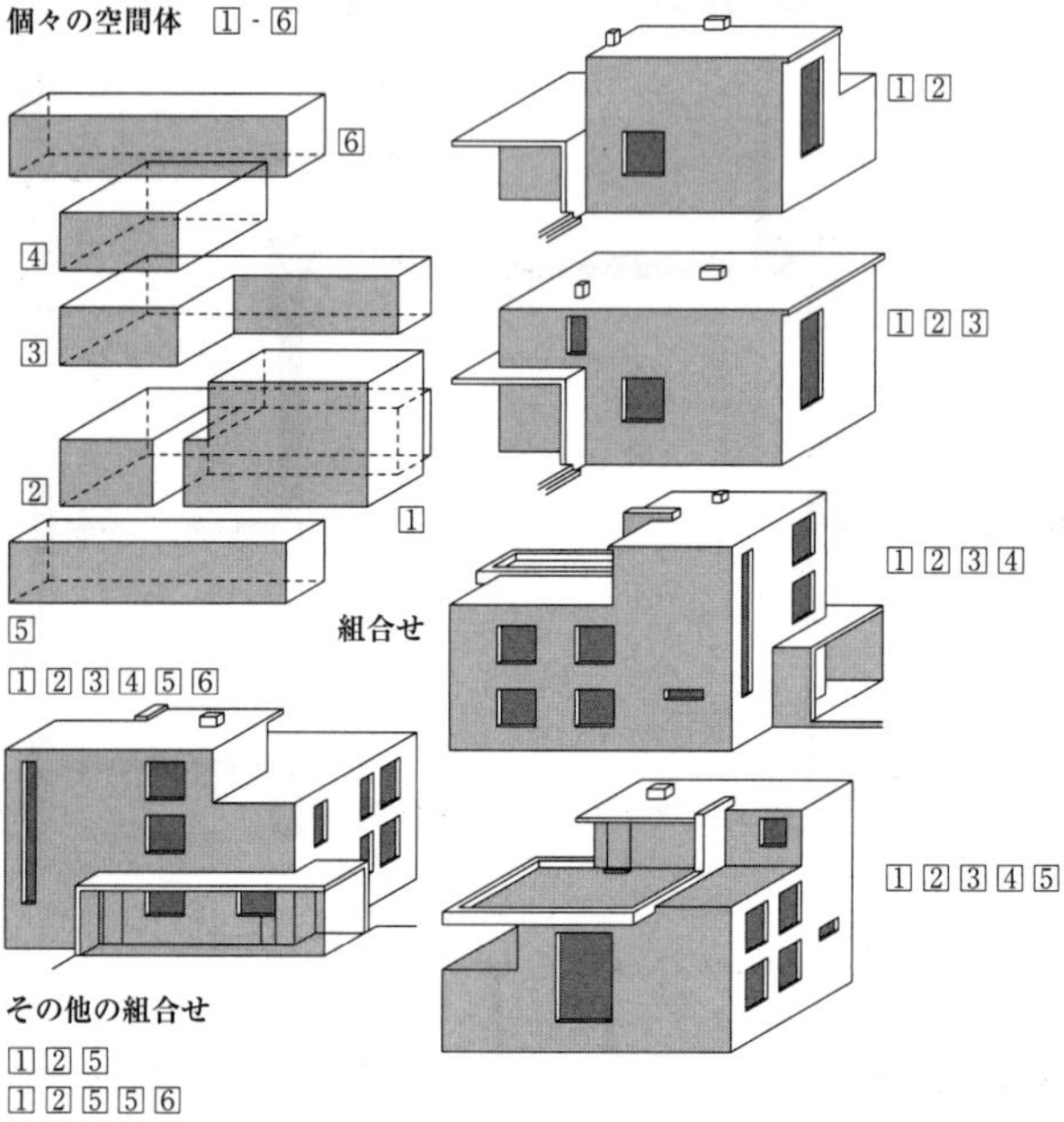

図12　実験住宅のバリエーション*5

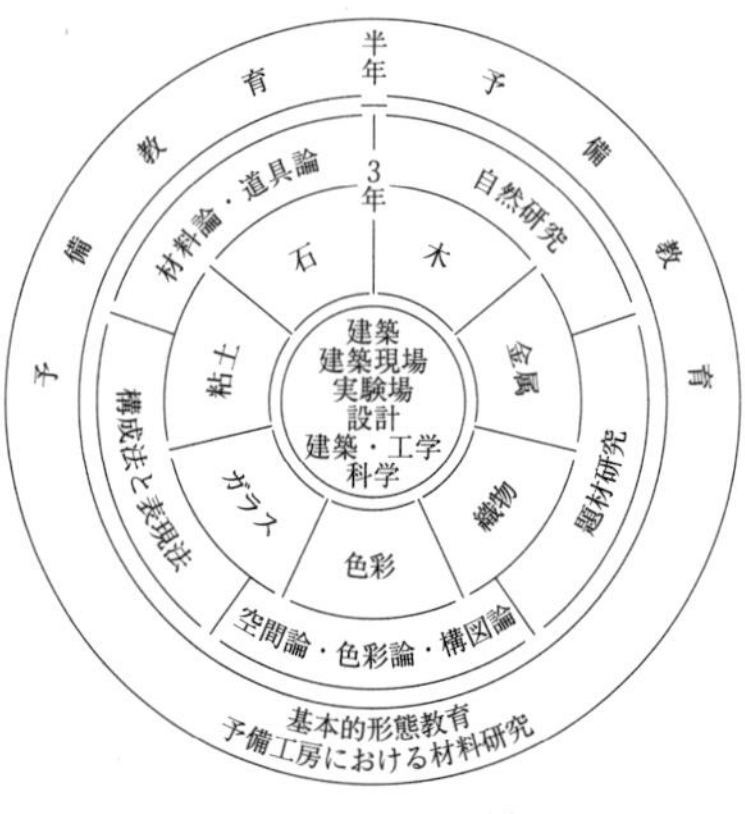

図13　バウハウスの教育課程*6

な諸分野を不可分の構成要素としてひとつの新しい建築芸術へと再統一することをめざすのである。バウハウスの道遥かではあるが、最終の目標は、統一された芸術作品、すなわち記念碑的な芸術と装飾的な芸術との隔てが存在しない大建築なのである[14]。

バウハウスでは、すべての工作芸術を綜合したものとして建築があった。そして、バウハウスで教えることとは、最終的にはこの建築の形態をデザインでき、そして、それを実際につくり出せる能力であった。このことを反映して、バウハウスの教育課程を示す図13では、その中心に、最終の目標である「建築」が置かれている。そして、「建築がデザインでき、それを建てることができる」ことがこの教育課程において明らかにされるべき命題であり、デカルトの分析・綜合の図式における「複雑な命題」となる。そして、それができるために必要な要素として、その「複雑な命題」が木、石、金属、ガラス、粘土、テキスタイル、色彩に関する知識・技能へと分解され、さらにそれらをより一般的で単純な材料論、構成法、空間論、色彩論などに分解していく。さらに、それを支えるものとして基本的形態教育があり、そこでは、材料や空間、構成などを学ぶ上で必要となる色彩と形態に関する基本概念を学ぶことになる。こうして、「建築がデザインでき、そしてそれを建てることができる」能力を、教育者にとって十分に明白な教育対象となるまで分解し、それを教育カリキュラムとして再構成する。この教育システムは、今でも日本のさまざまな学校でのデザイン教育のモデルとなっている。それは、このモダニズムの「方法」がデザイン教育の中核をなす手法として今なお有効であると認められているからであろう。
ここで「分析・綜合・枚挙」の方法をまとめておこう。
分析　：複雑な問題をより単純な要素に分解する
枚挙1：問題を十分に明白になるまで分解したか、見落としがないか点検する
綜合　：単純で明白なものとなった問題を解き、それを分析の課程を逆にたどって再構成する
枚挙2：最初の問題に立ち戻り、再構成されたものが分解したものすべてを含んでいるか、最初に与えられた問題に対応しているかを点検する
こうして、複雑な問い(たとえば、「住むとはどういうことか」「建築を建てる能力とは何か」)に対応する答え(「実験住宅」と「バウハウスの教育課程」)が得られる。これが、バウハウスで行われたシステマティックな世界理解とその理解に基づく世界の再構成の方法の概要である。
さて、このシステマティックな世界理解がいかにして先に挙げたモダニズムのデザインの特徴、すなわち「装飾の否定」や「単純な幾何学的形態」をもたらすのであろうか。まず、「装飾の否定」はどうか。たとえば「現代においてわれわれはどのように住もうとしているのか」という問いを考えてみよう。その「住む」という営みを単純で明白なものに分解していったとしたら、現代においても装飾に対応する「住む」ことの要素は何なのだろうか？「食べる」「風呂に入る」などを分解していったとして、それが装飾でしか実現できないような単純で明白なこととは何か？このように分析していくと、やはり装飾に対応する要素というものには行き当たらないのである。少なく

とも、バウハウスが志向していた「科学的」な態度で分析していった結果としては。もし、そこに装飾という単純でも明白でもない要素が紛れ込んでいたとしたら、それは分析が十分でないか、もしくはデカルトの規則第二にある「確実不可疑の認識をわれわれの精神が獲得できると思われるような対象にのみ携わるべき」という規定に反してしまったのである。このような態度の結果として、モダニズムの建築には、バウハウスの実験住宅の四角形の部屋のような、単純な幾何学的形態を組み合わせた姿が与えられることとなったのである。

「方法」の起源

モダニズムのデザインを特徴づけるものに、合理的、客観的、科学的という考えがあることを挙げた。これらについては、もう少し説明が必要であろう。

デカルトはそもそも、この「方法」を、数論と幾何学における数学の解法を参考にして考え出した。たとえば、次のような幾何学の証明問題を考えてみよう。図14において、「ABとCDが平行でAB=CDのとき二つの三角形ABOと三角形CDOは合同である」という「複雑な命題」を証明しようとするとき、まずすることは、与えられている条件を分析し、それをより単純な命題へと分解することである。

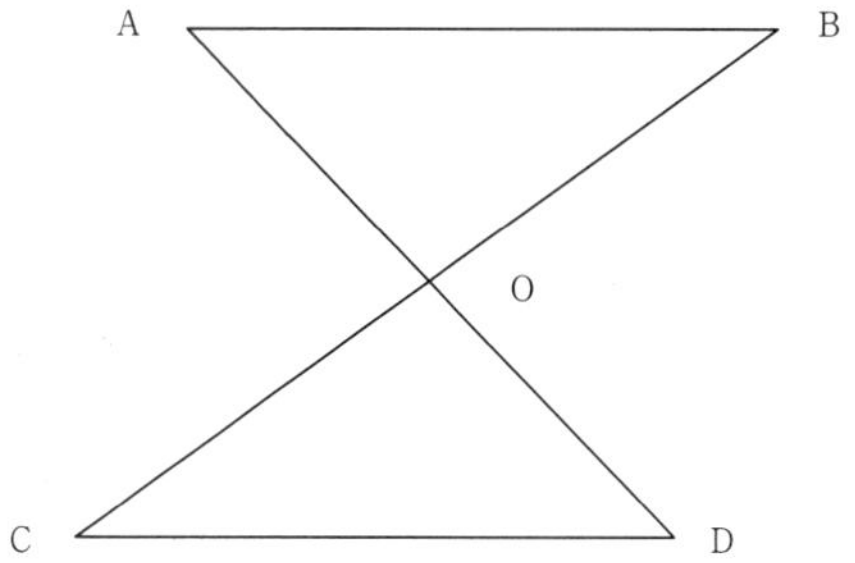

図14　幾何学の問題

それでは、この問題を分析していこう。与えられた情報は「図」とその図の中で「ABとCDが平行である」こと、および「AB=CD」という二つの命題である。そして、示すことは「三角形ABOと三角形CDOが合同である」という命題である。ここで、前者が仮定であり、後者が結論ということになる。

結論に含まれる「二つの三角形が合同である」という命題はその意味するところがまだ明確ではないため、さらに分析は続く。二つの三角形が合同であるとはどういうことか。それは、幾何学上の定義から、二つの三角形を平行・回転・対称移動のうち一つかそれ以上の操作をして、ぴったりと重ね合わせることができるとき、その二つの三角形は合同であるということであった。そして、いわゆる「三角形の合同条件」と呼ばれるものがあり、その条件の少なくとも一つに合致することを示すことができれば、与えられた二つの三角形は合同であると言えるのであった。その三角形の合同条件とは、

1　三辺がそれぞれ等しい
2　二辺とその間の角がそれぞれ等しい
3　一辺とその両端の角がそれぞれ等しい

というものである。

与えられた情報を分析すると、まず仮定から「AB=CD」であり、さらに「ABとCDが平行」だから、その錯角は等しいことより∠OABと∠ODCは等しく、かつ∠OBAと∠OCDも等しいこと

が明らかとなる。よって右の合同条件の3に当てはまることがわかった。

こうして与えられた複雑な問題を私たちの直観において明白だと思われるところまで分解していく。これが数学における分析である。次に何をするかといえば、その分解された要素を組み合わせて証明を作成するのである。右の例では、「三角形の合同条件」や「平行線の錯角は等しい」を明らかなこととして認めれば、その証明はだいたい以下のように進む。

△ABOと△DCOにおいて仮定より、

AB=CD　（1）

平行線の錯角が等しいことより、

∠OAB＝∠ODC　（2）

∠OBA＝∠OCD　（3）

（1）（2）（3）と三角形の合同条件により△ABOと△DCOは合同。

つまり、分析とは「複雑な命題」をわれわれの直観において明白な概念にまで分解していくことであり、綜合とは、その明白な概念を組み合わせて証明を作成するという数学者の営みをモデルにして考え出された方法なのである。システマティックな世界理解は、元を正せば数学の証明における分析・綜合・枚挙という方法に至り、そして、近代科学においてこの方法が科学理論を構築する場で受け継がれてきたことを考え合わせれば、この方法が合理的で客観的、すなわち科学的なものを生み出す一般的な方法であることがわかる。

『ノート』の方法

アレグザンダーは一九三〇年代までのモダニズムを凌駕するために、数学を使った形式的操作を用いることでこの「方法」を徹底させることにした。バウハウスのムッフェによる実験住宅も「住む」ということを単純な要素に分解していったが、その分解は「食べる」や「調理する」などの常識的なレベルにとどまっていた。アレグザンダーはこの分析を「集合」や「グラフ」といった形式的な道具を使って徹底的に行い、バウハウスの方法を凌駕しようとするのである。

それでは前置きが少々長くなってしまったが、アレグザンダーが『ノート』で行った分析・綜合・枚挙について説明していこう。

最初に「複雑な問題」を定めることから分析は始まるのであった。それは、デザインの場合「コンテクストと形の適合」であった。したがって、デザインという問題を分析するためには、まずコンテクストが形に対して提示してくる要求条件を分析し、それをデザイナーにとって明白なレベル、すなわち分解された個々の条件に対応する形が導き出せるくらいに単純になるまで分解しなければならない。

そこでアレグザンダーは、コンテクストが与えられたらまず複雑に絡み合った要求条件を解きほぐし、要求条件間の依存関係が最小となるように各要求条件を切り分けることを考えた。なぜなら、コンテクストからの要求条件が提示されたときにデザイナーを混乱させるのは、その要求条件の数よりも、あちらを立てればこちらが立たずといった要求条件の相互依存関係であり、そうした複雑な依存関係を解消させながら要求条件を小さく切り分けていけば、それらは相互に独立した単純な条件のまとまりとなっていくはずだから、デザイナーはその条件のまとまりに適合する形を直観的に導けるだろうと考えたからである。

では分析に移ろう。デザインという問題を分析するとき、通常はコンテクストから与えられた膨大な数の要求事項をリストアップすることから始めるだろう。そして、このリストを整理した上で、与えられたすべての要求に適合する形を考え始める。しかし、アレグザンダーはこうした方法をとらなかった。彼が最初に行ったのは、コンテクストが形に対して提示してくる要求条件と形との関係を分析し、形と適合していない要求条件をリストアップすることであった。すなわち、コンテクストに適合した形を求めたいのであれば、要求条件と形を見比べた上で、コンテクストに適合していない要求条件の数がゼロとなるように形を少しずつ調整していけばよいというのである。この方法を説明するためにアレグザンダーは、またよくできた例を持ってくる。それは、金属の表面を求められた精度内で平らにしようとするときの話である。

このとき、コンテクストに適合した金属表面の形とは、もちろん、求められた精度において十分に平坦な面であろう。そして、与えられた金属は、当初は平らではない。つまり、コンテクストに適合していない部分が存在している。この適合していない部分(以下「不適合」と呼ぶ)を浮かび上がらせるにはどうしたらよいだろうか。そう、その金属を十分に平坦な鉄の定規などと擦り合わせればよいのである。そうすれば、他の部分よりも高くなっているところだけが擦られて跡がつく。

ここがコンテクストに適合していない部分である。この部分を一つずつ平らに削っていって、その数がゼロになったときこの金属の表面は十分に平らとなり、コンテクストに適合した形となる。これと同じことをコンテクストからの要求条件に対しても行うのである。

ここで、まず不適合に注目することに疑問を持つ人がいるかもしれない。どうしたら条件に合う形をつくり上げられるのかと考えるよりも先に、適合していない部分はどこかと問うことは、人の良い点を伸ばすことよりも欠点を挙げてそれを直せと言っているようで、なんだか後ろ向きの方法のように感じられるからだ。これに対してアレグザンダーは、私たちはデザインを開始するに当たりコンテクストという場の記述を持ち合わせていないからそうするのだ、と主張する。要求というコンテクストからの「力」はその場に働いているのであるが、その「力」を構成している要求条件は潜在的には無限個であり得る。しかし、その無限個であるかもしれない要求条件を有限個のリストへとまとめる方法をわれわれは持ち合わせていないのである。ここで、アレグザンダーは次の有名な言葉を述べる。

私たちは、二つの漠然としたものの間にある種の調和を見出そうとしている。それは、まだデザインされていない形と、適切に表現し得ないコンテクストとの間の調和である。

この言葉は、おそらくすべてのデザインに当てはまるだろう。デザインとは、まだ手にしていないものと、うまく表現できていないものの間に調和を見出すという、普通に考えればかなり見込みの薄い試みなのである。不適合に注目することは、このデザインという見込みの薄い試みに対する一つの有効な戦略となり得るとアレグザンダーは考えた。コンテクストからの要求事項はリストアップし始めたらきりがないが、不適合のほうは金属の例のようにすぐにわれわれの目に留まり、その数も有限なものとなりそうだからである。

さて、こうして「まだデザインされていない形」と、「適切に表現し得ないコンテクスト」との間にある不適合をリストアップできたとしよう。もちろん、まったく形が存在しない時点では不適合をリストアップすることも不可能だから、たとえば今住んでいる家や使っている「やかん」、またはデザイン途中の試作品などを使って不適合をリストアップすることになる。

アレグザンダーがロシア出身のデザイン研究者シャマイエフと共に書いた『コミュニティとプライバシー』[15]には、ある住宅プランの要求条件が三三個リストアップされている。そのいくつかを紹介すると、「住戸へのプライベートな入り口」「効率の良い駐車スペース」「安全な戸締り」「緊急時の接近および避難路の確保」といったものである。これらがデザインという「複雑な問題」を構成している要素となる。ここから、分析が始まる。

これらの三三個の条件が十分に単純であり、かつ相互に独立していれば、つまり、一方を満たすともう一方が満たせなくなるような関係がなければ、形の中に含まれるこれらの条件と適合していない部分を一つ一つ消していけばよい。しかし、相互に依存し合っている要求条件がある場合、た

表1　要求事項の依存関係

要求事項	1	2	3	4	5	6	7	8	9
1		●		●	●				
2	●		●	●					
3		●			●		●		
4	●	●			●				
5	●		●	●					●
6							●	●	
7			●			●		●	●
8						●	●		●
9					●		●	●	

とえば、「住戸へのプライベートな入り口」をつくろうとすると「効率の良い駐車スペース」をつくる場所が確保できなくなるような場合、まずはその依存関係を解きほぐし、デザインの問題をデザイナーにとって解決可能なものにしていかなければならない。ここから、やっとアレグザンダーの「形式操作の段階」が始まる。

まず、依存関係にある条件を洗い出す。ここでは話を簡単にするために、リストアップされた要求条件の数を三三から九に減らして説明しよう。この九個の要求条件の依存関係を調べ、表1をつくる。表では、ある二つの要求事項が依存関係にある場合、その交点に●が描かれている[16]。そして、これと同じことを「グラフ」と呼ばれる表現方法を用いて描いたのが図15である。「グラフ」とは、いくつかの頂点とそれらを結ぶいくつかの辺から構成された図形のことである。この図の中の頂点(丸で囲まれたところ)の中にある数字はそれぞれの要求事項に付けられた番号を示しており、ある二つの頂点の間に辺があるということは、それらの要求事項の間に依存関係があることを表している。

さて、分析とはものごとをより小さく単純な部分へと階層的に分

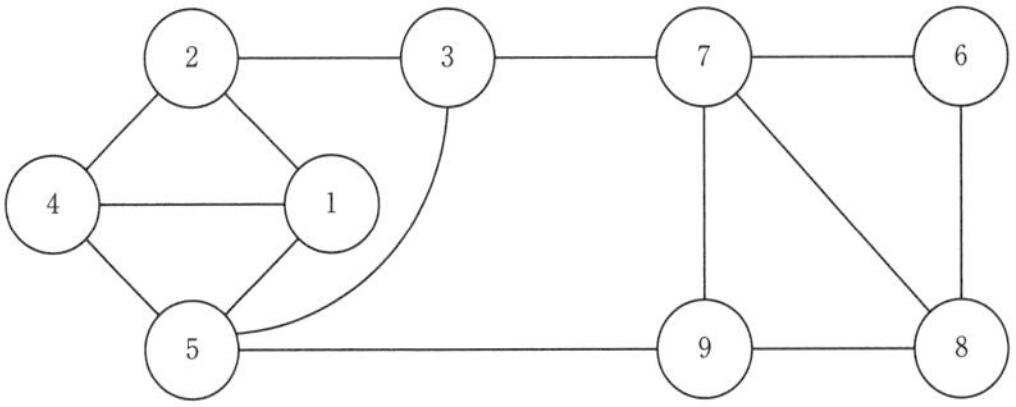

図15　要求事項の依存関係のグラフ

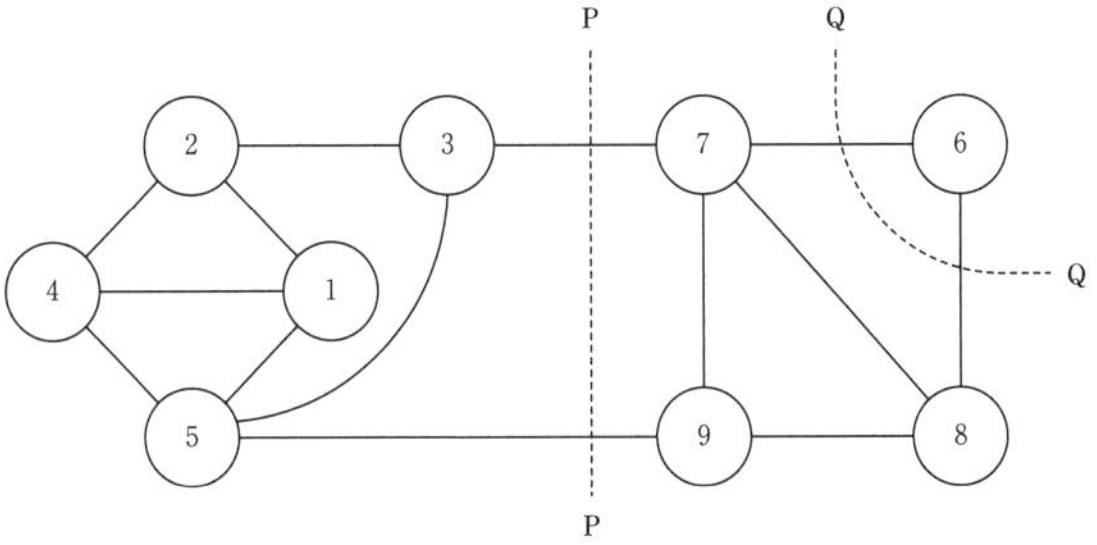

図16　グラフの切断位置

解する過程であった。この原理に従って、このグラフをより小さなグラフへと分割していく。問題は、このグラフのどこで分割するかである。アレグザンダーは「情報理論的相関関係分析」[17]という複雑な数学的手法を使って分割する場所を決定したのであるが、それはおおむね、切断される辺の数が少なく、かつ、切断された後にできる二つのグラフの辺の数の差が最も小さいところで切る、というものであった。図16では、二つの辺を切断する場所がP-PとQ-Qの二ヵ所あるが、P-Pのほうが切断した後に残される二つのグラフの辺の数の差が小さいことから、P-Pで切断することになる。

　切断後にできた二つのグラフも同様に分割していく。この分割は十分に単純なものとなるまで続けられる。具体的には、この分割後

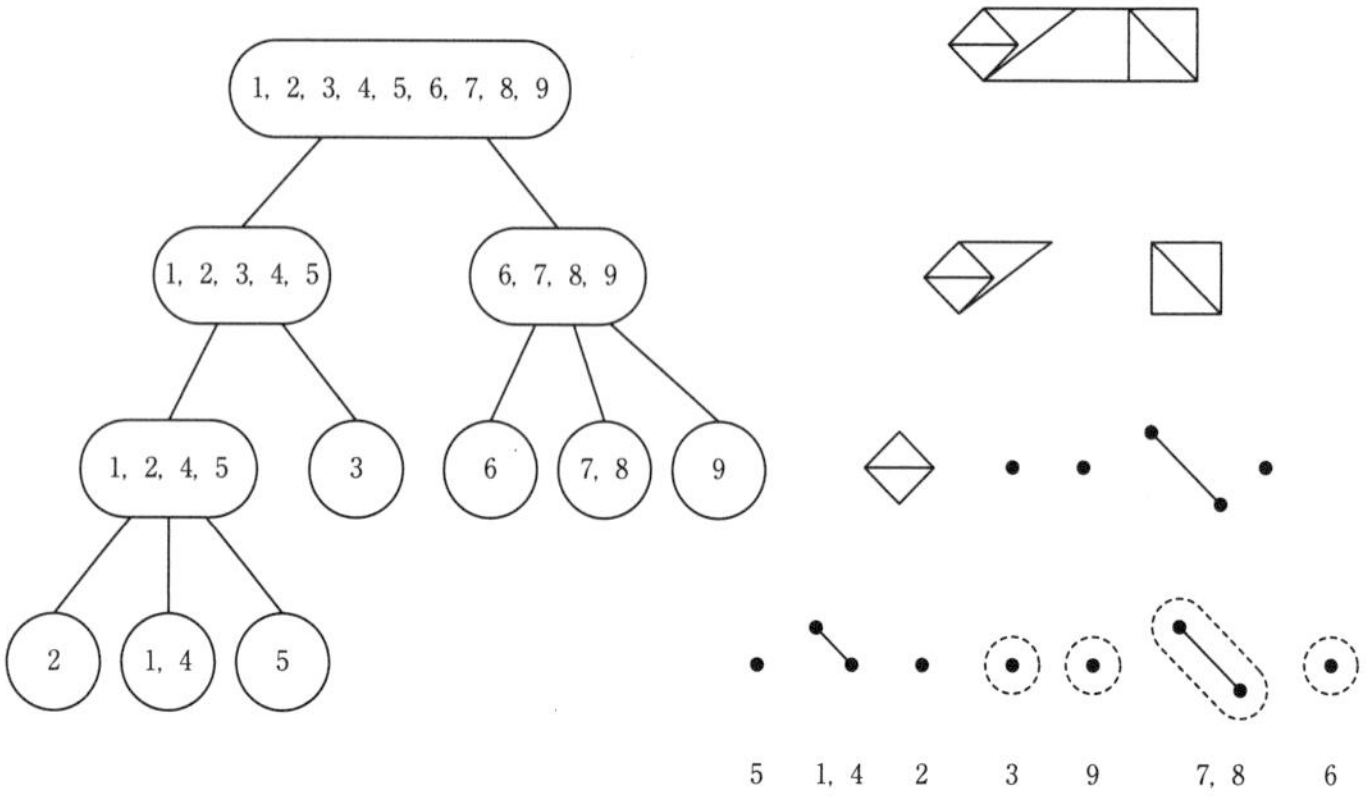

図17　グラフの切断過程[*7]

のグラフが「完全グラフ」と呼ばれる、すべての頂点の間に辺があるグラフとなるまで続けられる（図17）。この分割後のグラフをアレグザンダーは「ダイアグラム」と呼んだ。

これで分析は終わりである。分割する際に、グラフの頂点が表している要求事項の内容をまったく参照しなかったことを不思議に思うかもしれない。実はこのことこそが、アレグザンダーの手法が形式的操作の段階にあることを示している。なぜなら要求事項の内容を捨象し、それを抽象的な記号で表し、デザインの問題を数学的に解けるような形にすることがこの段階で求められていたことだからである。

分析の後は「枚挙」によって点検し、そして綜合が来る。分析が終わったときには複雑なデザインの問題はより単純な問題に還元されている。この単純な問題は、他の問題とは比較的依存しないように分割されているから、デザイナーはその小さな問題に集中して取り組める。だから、その小さな問題の中に含まれる要求条件に適合する形を見つけ出すことも容易になっているはずだ。

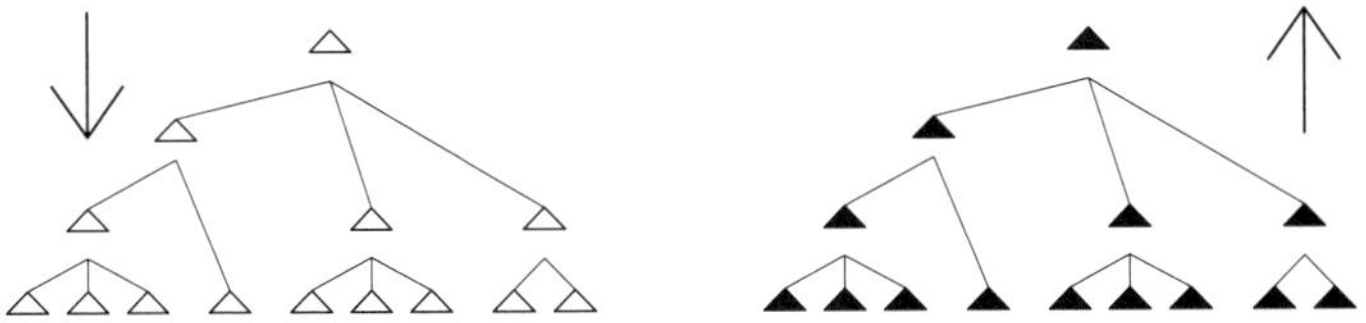

プログラム：集合からなる
実現：ダイアグラムからなる

図18　分析（プログラム）と綜合（実現）[*7]

こうして、すべての小問題に適合する形が見つかったとしよう。後は前述の通り、このツリーの末端にある形を分析とは反対方向に、そのツリー構造に従って合成していけば（図18）、デザインの問題（アレグザンダーの例では住宅プラン）に適合する形ができ上がる。

幾何学の証明の例でもそうだったが、この分析から綜合へのプロセスでは、「分析」の段階でその仕事のほとんどが済んでしまっている。『ノート』でも、実は綜合についてはあまり説明されていない。分析が終わったら、その結果を分析過程と反対にたどって組み合わせて終わりである。

以上がアレグザンダーによるモダニズムの手法の徹底の概要である。ここでは、システマティックな世界理解（分析）とその再構築（綜合）という方法が、数学由来の形式的操作によって徹底されていることが見てとれる。モダニズムのデザインのとらえ方とこの数学者の営みとの対応は、『ノート』のほぼ最後にある、以下の言葉によって美しくまとめられている。

いうまでもなく数学の姿は抽象的であり、建築の姿は具体的で人間的なものである。しかし、その違いは本質的なものではない。それがどんな種類のものであれ、その外見の決定的な質はその構成の中にあるのであり、その構成に注目したとき、私たちはそれを形と呼ぶのである。数学的な形に対する感覚は、その形に対する証明プロセスの感覚からのみ発達する。建築的な形の感覚も、形のデザインプロセスについてそれと同程度習得していなければ、数学的な形への感覚と比較し得る地点には到達できないと私は信ずる。

『ノート』は、この意味で一九三〇年代までのモダニズム革命をその手法において凌駕していると言ってよいだろう。

しかし、アレグザンダーが『ノート』の中で示した手法にはなにかが決定的に欠けていると感じないだろうか。デザインの究極的な目標は形だとしながら、その形を求める上で最も重要なことであり、かつ、多くのデザイナーたちを悩ませている事柄に対する答えがすっぽりと抜け落ちているのではないだろうか。

その事柄の第一点は、分析から綜合に移るときの問題である。分析ではコンテクストと不適合している要求事項を比較的独立した小問題へと分割する。しかし、その小問題を解決する形をどう導けばよいのかについては、ほとんど説明されていないのである。小問題は、最初の問題に比べれば簡単な問題となっているかもしれないが、その問題自体に形に関する情報が含まれていないときには、どんなに簡単な問題であっても、その問題を解決する形を実際に見つけることは難しいのである。このことについてアレグザンダーは『ノート』で、「要求事項だけ、形だけを表しているダイアグラムは、要求事項を形に変えていくときに効力がなく、形の追求にとってはなんら建設的な役割を果たさない」と述べる。そして、この要求事項と形の両方の側面が含まれているダイアグラムを「建設的ダイアグラム」と呼んだ。この「建設的ダイアグラム」こそが、アレグザンダーの言う「まだデザインされていない形と、適切に表現し得ないコンテクストとの間」をつなぐものとなるはずであった。しかし、分析の後に得られるダイアグラムには要求事項だけ、または形だけしか含まれていないことがほとんどなのである。

もう一つの点は、綜合の段階で形を合成していくときの問題である。アレグザンダーが説明する合成の仕方とは、このツリーの末端にある形を分析とは反対方向に、そのツリー構造に従って合成していくというものであったが、分析でのツリー構造と綜合でのツリー構造が対称的である保証はあるのだろうか。分析は要求というコンテクストからの力を分析しており、それはたとえば「効率の良い駐車スペース」といったような情報である。一方、綜合するのは形である。この情報の構造と形の構造が一致している保証はあるのだろうか?

アレグザンダーも、『ノート』の手法にあるこれらの問題点に気づいており、第一の問題については『パターン・ランゲージ』によって、第二の問題については『都市はツリーではない』によって答えようとしている。

Ⅳ 人の認識の構造

『都市はツリーではない』

セミ・ラティス

モダニズムの手法、すなわち分析・綜合・枚挙の徹底の結果生み出されるものは、どのような構造をしているだろうか。複雑な問題をツリー状の過程をたどって分析・分解し、得られた小問題を解く。そして、すべての小問題を解き終わったら分析・分解の道筋を逆にたどって小問題の解を合成していく。すると、分析のときに作成されたツリー構造が合成されたものの中にそのまま保存されることとなる。前の章で出てきた家の例でも、合成された家の構造は分析したときのツリー構造をそのまま反映したものとなっている。

このような分析・綜合の手法に明確に従っていなくても、人がデザインしたものはこのようなツリー構造として表現できるものが多い。たとえば、図19の機械部品の構成図は、よく見れば、ツリー構造となっていることが見てとれる。また、前章で紹介したバウハウスの実験住宅の構成も、モダニズムの手法に従っているためツリー構造を用いて簡単に表現できるだろう。

アレグザンダーは『都市はツリーではない』という論文の中で、『ノート』で使った集合という数学的な道具を用いて、このツリー構造に定義を与えている。たとえば、ここに{1, 2, 3, 4, 5, 6}という六つの要素からなる集合があったとしよう。集合という考え方になじみがなければ、一から六まで番号がふられているボールが箱に入っていると考えてもよい。そして、これを『ノート』で行ったように分割していくことを考えよう。最初に{1, 2}と{3, 4, 5, 6}の二つに、次に前者を1と2に、後者を{3, 4, 5}と6に分割する。{3, 4, 5}をさらにばらばらにして3, 4, 5へと分割する。

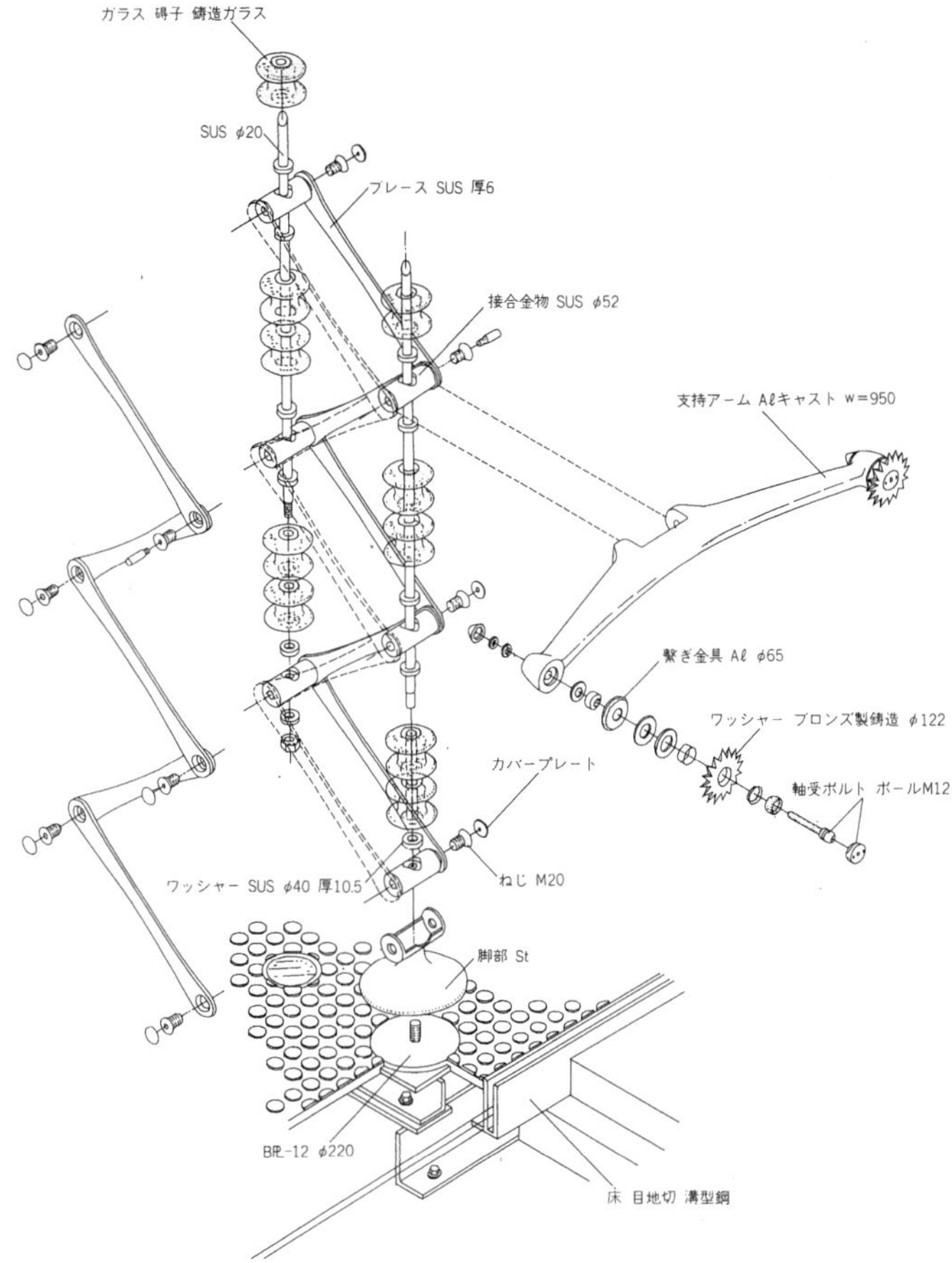

図19　機械部品の構成図[*8]

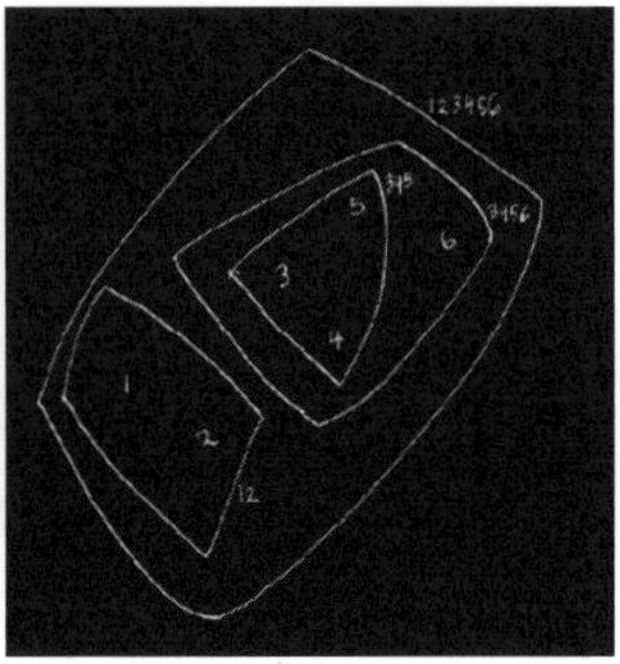

図20　分割の結果[*7]

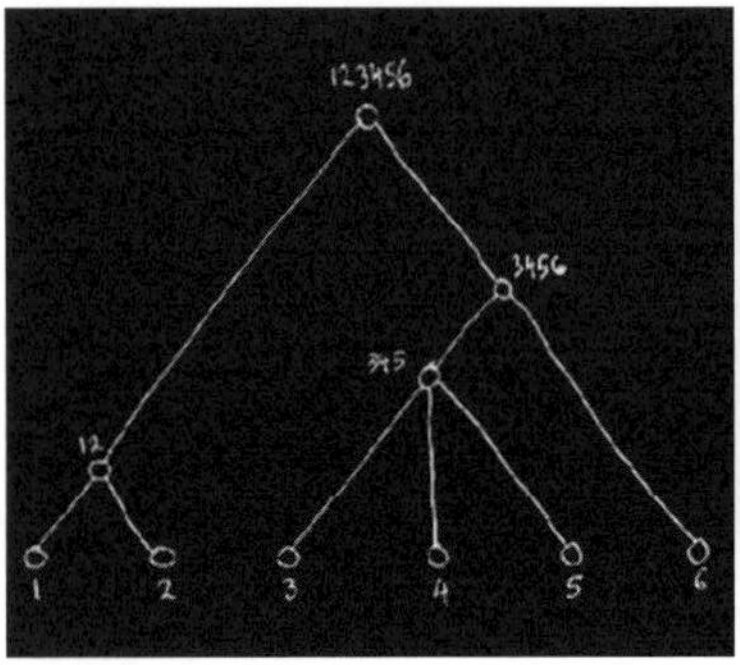

図21　ツリー構造状の分割過程[*7]

その結果得られるのが図20であり、その分割の過程を表現したのが図21である。この図を見てわかるように、ツリー構造の見た目はまさしく木のようであり、また木のようであるからこそ、その木の枝が分かれた後にそれらがまた交わることはない。

一方、このようなツリー構造でない構造とはどういったものだろうか。簡単に言えば、二つに分割するときにきっちりと分割せず、重複を許すように分割するときにできる構造がそれである。図22では、たとえば{1, 2, 3}と書かれた集合と{2, 3, 4}と書かれた集合は2と3を共有している。この分割過程(図23)を見れば、その木の枝がいったん分かれた後にまた交わっているから、これはツリー構造ではないことがわかる。アレグザンダーはこの論文の中で、このようなツリー構造ではない構造のことを「セミ・ラティス」と名づけている。

このセミ・ラティス構造は、分析・綜合の手続きからは出てこない。なぜなら、たとえば{1, 2, 3, 4}を分割するとき、それを{1, 2, 3}と{2, 3, 4}の二つに分ければ、その二つが2と3を共有しているから、その分割は明晰な基準に従って分割されていな

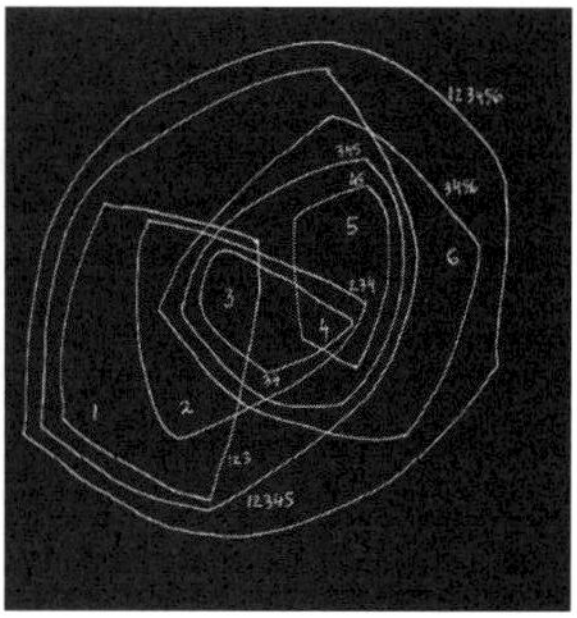

図22　重複を許した分割の結果*7

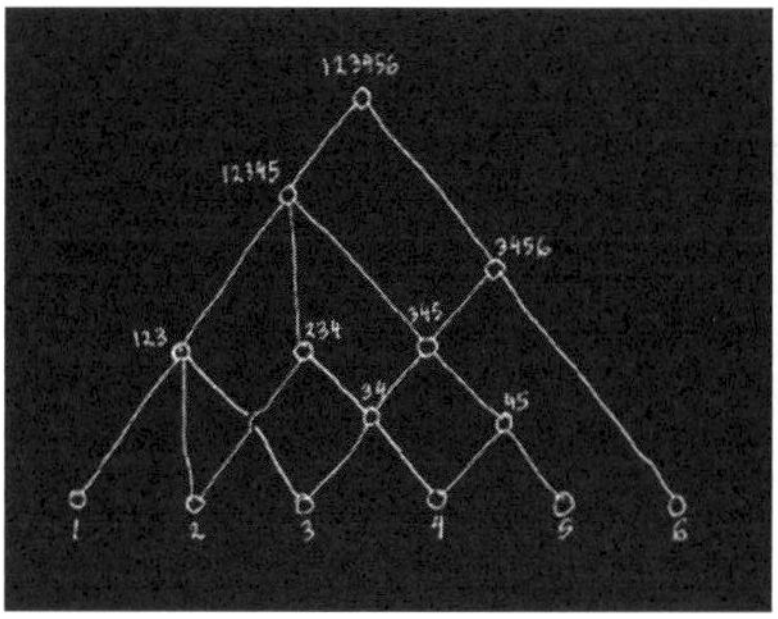

図23　重複を許した分割過程*7

いとされるからである。それはたとえば、{1, 2, 3, 4}を「小さい数」と「大きい数」に分割するとき、小さい数は{1, 2, 3}であり大きい数は{2, 3, 4}であるとされたら、2と3は小さな数であると同時に大きな数でもあることになり、そうであれば、やはりこの数の大小の概念は明確に定義されていない、少なくとも、数学的な定義としては使えないものとされるのと同様である。

都市の構造

アレグザンダーはこのツリー構造とセミ・ラティス構造の考えを使って、モダニストたちが計画した都市を分析した。そして、モダニストたちが計画した都市は、当然のことながら、ツリー構造だと結論づける。たとえば、ブラジリア（図24）やコミュニタス（図25）などがそうである。確かに、見たところツリー構造のようだ。たとえば、ブラジリアでは都市全体が中央の軸によって二分割され、分割された部分にはそれぞれ主幹線道路とそれに平行に走る補助幹線道路が通り、その補助幹線道路には各地区につながる道路が連結されている。つまり、この都市の骨格はツリー構造で表現できる。

一方、長い年月を経て形成された都市、たとえばアレグザンダーが学んだ大学都市ケンブリッジを上空から見たとき(図26)、そこにわかりやすいツリー構造は認められるだろうか？　モロッコのマラケシュ(図27)やロンドン、東京などはどうか。そこには、人工的に計画された都市一般に見られるような、わかりやすいツリー構造は視覚的には認められない。ケンブリッジは「大学の中に都市がある」と形容されるように、そもそも都市機能を担う部分と大学の施設の間に明確な区別がない。だから多くの都市の要素が「大学」と「都市」のどちらにも属すこととなり、その構造は典型的なセミ・ラティス構造となるのである(図28)。

さらに、一見ツリー構造に見える都市でも、またセミ・ラティス構造を持つ都市でも、それらの

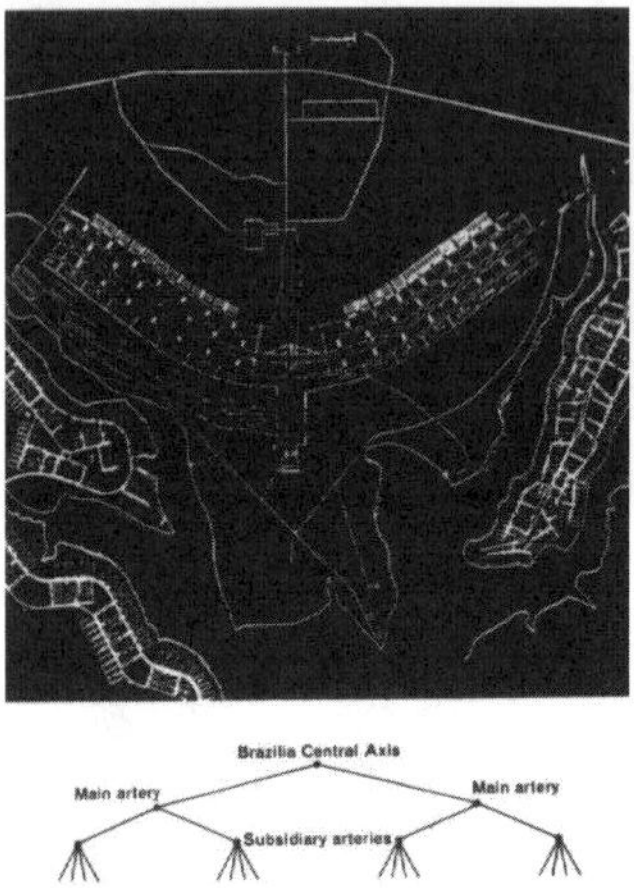

図24　ブラジリア*7

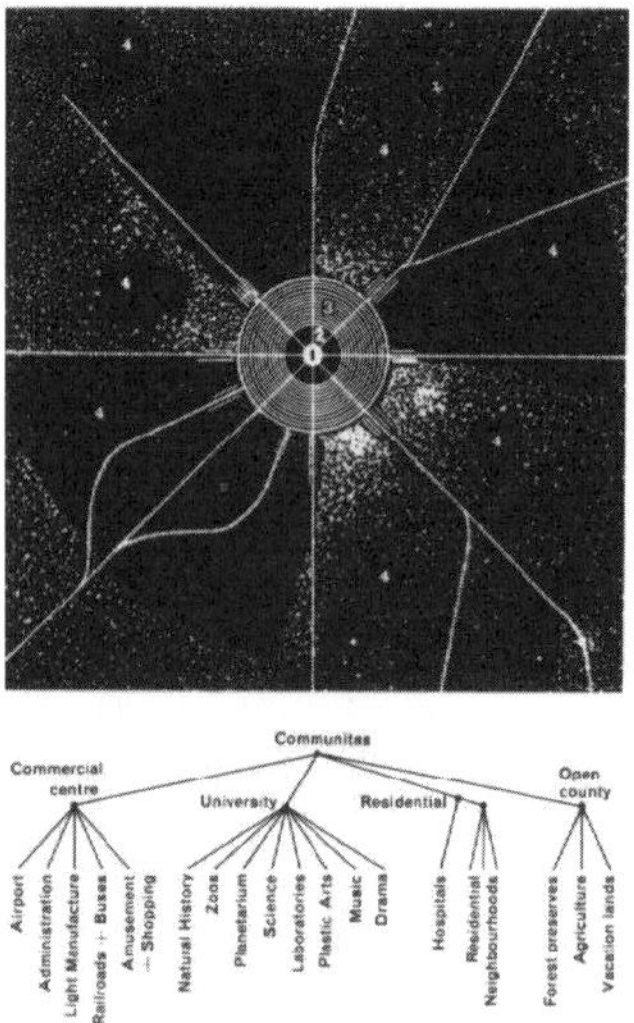

図25　コミュニタス*7

都市の中で営まれている人の生活を考えてみれば、その活動はきれいなツリー構造の中にはとてもではないがまとめられそうにない。ある家族の一週間の行動を考えてみよう。父と母は別の都市にある会社に行き、下の子どもは地域の小学校に、上の子どもは少し離れた高校に行く。週末には、父は郊外にある木工教室へ、母は映画を見に出かけ、子どもたちはそれぞれ地域のサッカーチームや学校の部活でクラブ活動をしたり、友達と遊んだりする。この活動のどこにも、ツリー状にまとめられそうな構造は見当たらない。

　もし、このような活動そのものやその活動を支える

図26　ケンブリッジ[*9]

図27　マラケシュ[*9]

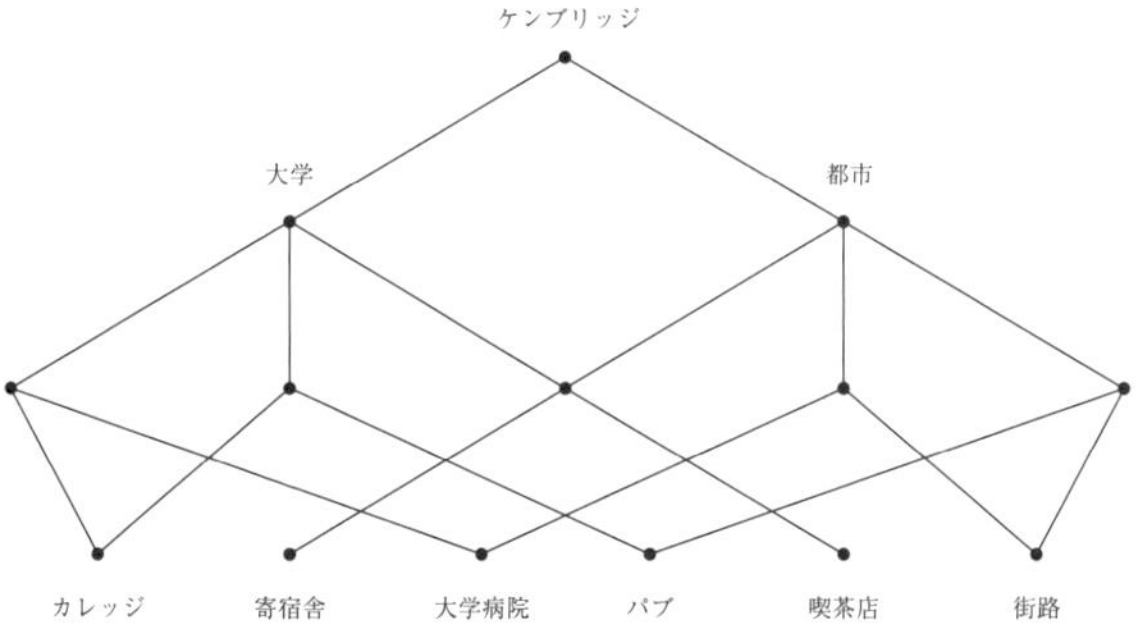

図28　ケンブリッジの都市構造

都市の構造がツリー状に分析できるようなものであったら、どうだろうか。そこで私たちは気持ちよく快適に暮らせるだろうか。都市がツリー状に明快に組織され、住民の生活もその構造に従って営まれる。つまり、その活動に重複は許されない。仕事はこの地域で週末は別の地域へ、そして両親と子どもは別々の領域でさまざまな活動をする、ということは許されない。そうすると、それはセミ・ラティス構造になってしまうから。両親の職場、スポーツクラブ、映画館は、その都市のツリーのある部分にあり、もし見たい映画がその地域になければ、そのツリーの上位の地域にある映画館に行く。子どもの保育園、小学校、中学校、高校、大学もツリー構造の中で厳格に構成される……。もしこうしたことが実現されたら、そこは息の詰まるような管理社会となってしまうだろう。つまり、私たちは厳密にツリー構造として構成された社会的な仕組みの中では快適な暮らしができないのである。そして、たとえモダニストによって計画されたツリー構造を持つ都市の中であっても、そこで営まれる市民の生活は決してツリー構造には収まらない。つまり、ツリー構造とは自然発生的な都市の構造でもなく、そこで暮らす人々の活動にも合致しない構造なのである。

ツリー構造の由来

それでは、モダニストたちはなぜツリー構造を持つ都市を計画したのであろうか。アレグザンダーの答えは、「私たちの認識の仕方が、そもそものようになっているからだ」というものであった。

たとえば、「オレンジ」「（楕円形の）スイカ」「テニスボール」「ラグビーボール」を図29のように分類したとしよう。このとき、図30のようにツリー状にカテゴリー分けしてそれを頭の中でイメージし、それを記憶してみる。少し面倒だけれども、できないことはないだろう。

次に、図31のように、セミ・ラティス状にカテゴリー分けしたらどうだろうか。おそらく、このカテゴリー分けを頭の中でイメージすることも、記憶しておくことも難しくなったのではないだろうか。

私たちが一度にイメージできるものごとの数には限りがある。そして、同じものごとをセミ・ラティス構造としてイメージするよりもツリー構造としてイメージするほうが、簡単にできる。それは、われわれの脳はもともと、重複していて曖昧な部分の

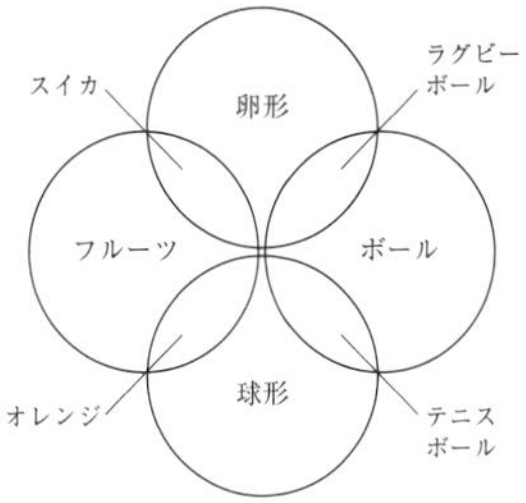

図29　カテゴリー分けの問題

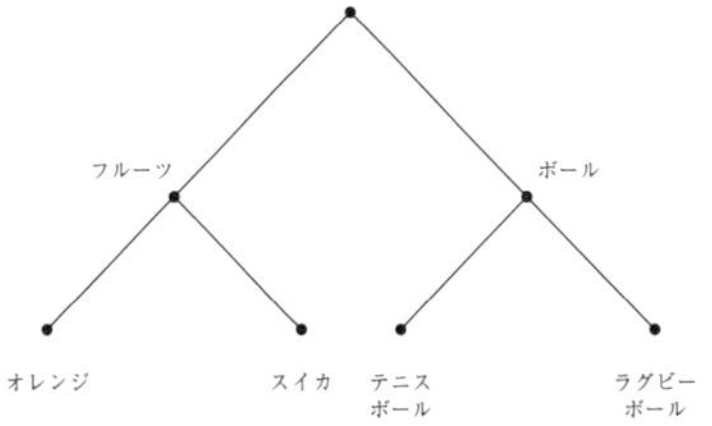

図30　ツリー状のカテゴリー分け

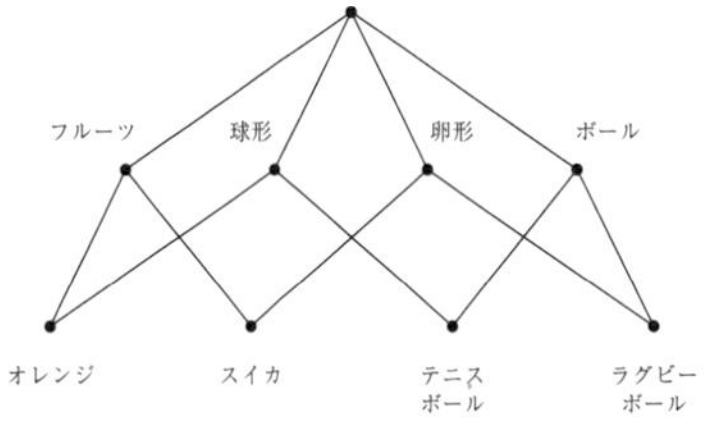

図31　セミ・ラティス状のカテゴリー分け

あるセミ・ラティス状の図式をイメージすることよりも、ツリー状の図式をイメージすることのほうが得意だからである。

もちろんデザイナーにとってもこのことは同じで、都市のような複雑な対象を理解しようとするとき、どうしても、それをツリー構造として表現し直して理解しようとする習性を持っている。こう考えると、デカルトの「方法」とは、このような人間の理解の習性に合致した「合理的」なものであったのである。彼の規則第二に「確実不可疑の認識をわれわれの精神が獲得できると思われるような対象にのみ携わるべき」とあるが、都市はそのような「対象」ではなかったのである。ならば、実際の生活の形式にもなじまず、自然発生的な都市の構造と比べても快適とは感じられないモダニズムの都市——ツリー構造の都市——を計画する意義は、どこにあるのだろうか。アレグザンダーはこの論文で、「そんなものはない」とはっきり言っているのである。

このような批判はもちろん、『ノート』での自分自身の理論にも跳ね返ってくる。ここで、ツリー構造を必然的に生み出す『ノート』の理論的枠組みを自ら否定したのである。

人の理解の形式はツリー構造となる傾向があった。けれども、自然発生的な都市や人の生活の構造は、アレグザンダーがセミ・ラティスと呼ぶものであった。ただ、セミ・ラティスといっても、まったくの無秩序もセミ・ラティスである。それでは、人が快適だと感じる、もっと言えば、人が美しいと感じる環境の構造は、無秩序とどう違うのだろうか?

この点を探求したのが、次章で説明するアレグザンダーの認知心理学研究である。

Ⅴ　良い形を特徴づけるもの

認知心理学研究

知覚と寸法体系

プロポーションとは、簡単に言えば、二つかそれ以上のものの間にある長さの比のことであり、寸法体系（モジュール）とはこの長さの比に基づいた数の体系である。

古代ギリシャの時代から、プロポーションと美しさの間にはなんらかの関係があるのではないかと考えられてきた。そして、そのプロポーションに基づいて平面や空間、部材の長さなどを分割することにより、美しい建物や美しい絵画、彫刻などを制作できると考えられてきた。だから、「美しさ」というものの性質を科学的にとらえようとしたアレグザンダーが、まずこのプロポーションの問題に目をつけたのも自然なことであった。

プロポーションや寸法体系のうち比較的よく知られているものに、

・黄金比
・古典建築のオーダー：柱の直径を基準として、梁などの上部の構造形式の寸法体系を定めたもの
・グリッド・システム：基準となる寸法を定め、その倍数によって構成される寸法体系

などがある。

この中でも黄金比は現在でもよく参照され、その比例の「美しさ」が一種の神話のようなものとなっている。

黄金比は、紀元前六世紀頃にピタゴラス学派によって発見されたと考えられている。具体的には図32のように線分を二分割したとき、

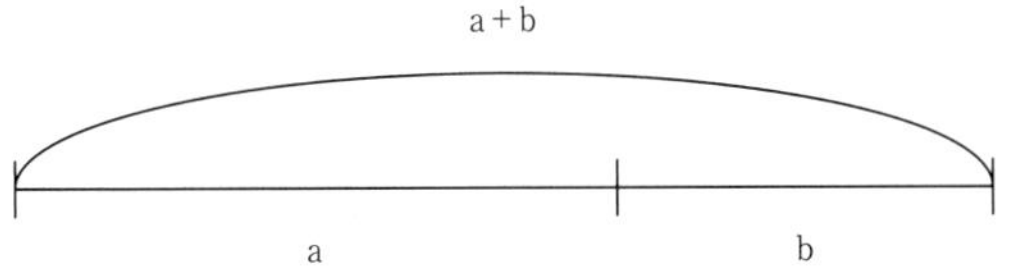

図32　黄金比

$$\frac{a+b}{a}=\frac{a}{b}=\phi$$

となるようなφのことをいい、それは、

$$\phi=\frac{1+\sqrt{5}}{2}=1.618\ldots$$

という数になる。つまりbを1としたらaが1.618…となるような比率である。身近な例では、名刺の標準サイズ（日本では55ミリ：99ミリ＝1：1.6545…）はほぼ黄金比となっている。

　このような例として、レオナルド・ダ・ヴィンチが描いた「ウィトルウィウス的人間」（図33）は有名で、図の円の半径と正方形の辺の長さの比が黄金比にかなり近い値となっている。また、この正方形を人のへそのところで分割すると、下の長方形は先に挙げた名刺と同じ黄金比を持つ長方形（黄金長方形と呼ばれる）となる。ダ・ヴィンチが意識してそうしたのかは定かでないが、偶然にしてはよく一致している。

　このような例が示すように、われわれが視覚的に美しいと感じるものには黄金比のような、なんらかの秩序が関係しているのではないか、とアレグザンダーは考えた。一九五九年に出版された論文『知覚と寸法体系』で、アレグザンダーはこう書いている。

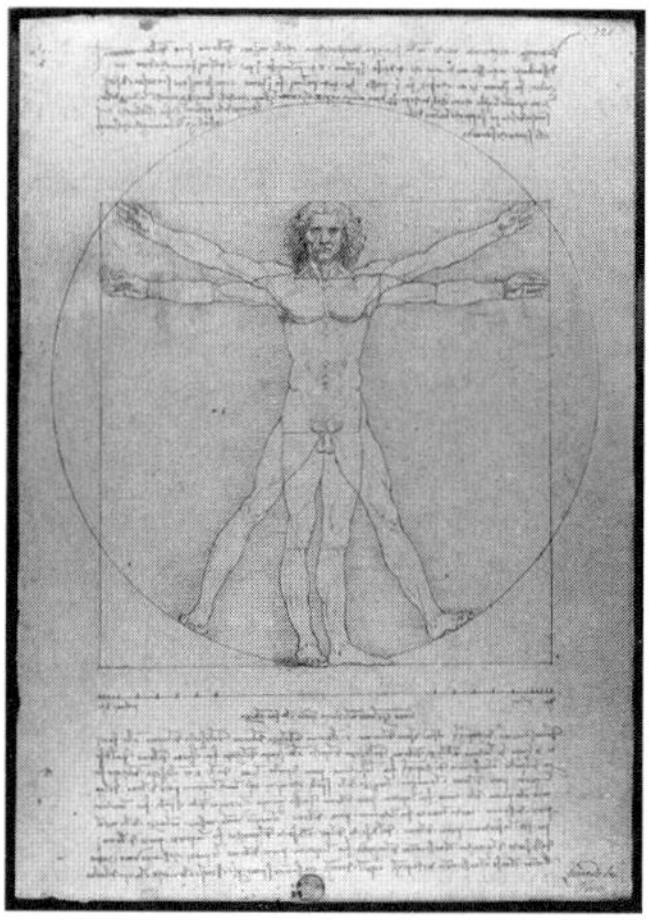

図33　ウィトルウィウス的人間

本当に「秩序正しい」ものはそうでないものと比べて、見ていて心地よいのだろうか？　もしそうだとすれば、これを正当化できるような知覚のメカニズムはあるのだろうか？　別の言い方をすれば、「秩序正しい」ものには、視覚的に好ましいと私たちに感じさせるような何かがあるのだろうか？

アレグザンダーは、まず、黄金比の「美しさ」が当時どのように説明されていたのかを調べた。その一つ目はジェイ・ハンビッジというカナダ生まれのアメリカ人アーティストが唱えた説で、黄金比ϕが$\sqrt{2}=1.41421\ldots$や$\pi=3.14159\ldots$のように無理数だからだというものである。つまり、1, 2, 3のような自然数や1/2などの有理数が「静的」なのに対し、無理数は分子・分母ともに整数である分数としては表せず、少数部分が繰返しのない無限小数となることから「動的」なのだとハンビッジは述べ、黄金比はこの意味で「動的」だから人がその比に惹きつけられるのだと主張した。

これに対してアレグザンダーは、現実世界では無理数などというものは意味をなさないとして、これを退ける。無理数に限りなく近い有理数を見つけることは数学的に常に可能であり、さらに、有理数の比を持つものと黄金比を持つものをわれわれは視覚的に区別できないというのである。た

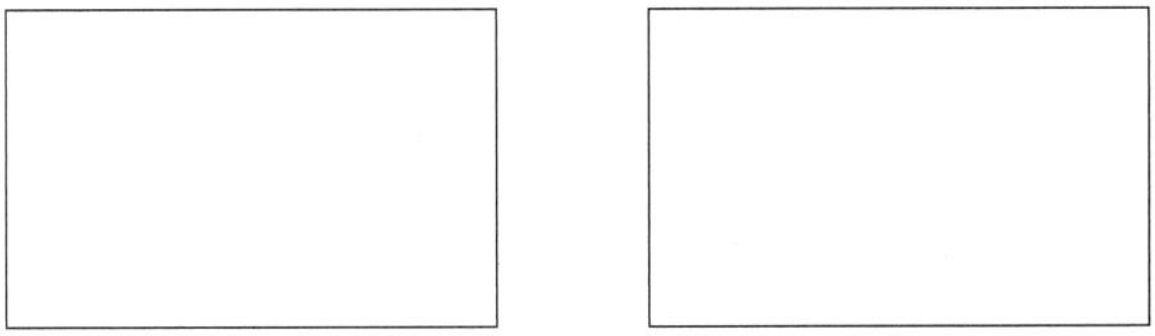

図34　1:1.618（黄金長方形）と1:1.65の長方形

とえば図34に黄金比に近い比率を持つ長方形と1：1.65の比率を持つ長方形を並べたが、どちらがどちらなのか区別がつくだろうか。また、印刷工程を経る書籍の中で黄金長方形を示したところで、厳密に言えば、それは常に黄金比ではない。それと同じように、名刺であろうが「ウィトルウィウス的人間」であろうが、それらの縦横比は「おおむね黄金比」なだけなのである。ある比率がおおよそ一対一・六から一・六五の間であれば、人はそれと黄金比との違いを見分けられないだろうとアレグザンダーは述べている。

黄金比を美しく感じることへの二つ目の説明、というより興味深い例として、この黄金比がフィボナッチ数列と関連して自然界でよく観察される、というものがある。ここで、フィボナッチ数列は、

1, 1, 2, 3, 5, 8, 13, 21, 34, 55, …

と続く自然数の列のことで、この数列の中のある数がその直前にある二つの数の和となっているようなものである。たとえば、五番目にある5はその前にある二つの数2と3の和となっており、次の8はその前の3と5の和になっている。そして、この数列の隣り合う数の比は、数が大きくなるにつれて少しずつ黄金比に近づくことが知られている。つまり、1/1=1, 2/1=2, 3/2=1.5, 5/3=1.666…, 8/5=1.6, 13/8=1.625というように、少しずつ黄金比（=1.618…）に近づいていき、

この数列の無限の先では、この比はちょうど黄金比となるのである。

この数列が、ひまわりの種(図35)や松ぼっくりのかさの並び方などの中に実際に見られることがある。しかしそれは、フィボナッチ数列の構成の仕方(ある数がその直前にある二つの数の和となること)がある生物の成長の仕方とたまたま一致しているだけであり、黄金比とは何も関係がなく、そもそも黄金比は自然の中で何の役割も持っていない、とアレグザンダーは断ずる。

しかし、こうした説明を一つ一つ退けたとしても、一方では、いろいろな比率を持っている長方形を見せると、多くの人が黄金長方形を好むという調査結果が当時得られていた。なぜか? アレグザンダーの答えはいたってシンプルで、「それは秩序立っているからだ」というものだった。

図35　ひまわりの種の並び方

それではその秩序とは何かが気になるが、その前に、アレグザンダーがこの論文『知覚と寸法体系』の中で紹介した、われわれが秩序あるものを好む理由に関する説明を見てみよう。
この中でアレグザンダーは三つの説明を紹介しているが、これらの三つの説明は一つの同じ仮説に基づいている。それは「見ることには労力がいる。知覚のメカニズムはこの労力を最小にするように働く」というものである。つまり、頭はなまけものだから、ものを知覚するときに常に楽をしようとするということである(『都市はツリーではない』でも同じ仮定により、人は「秩序ある」ツリー構造として都市を理解しようとすると言っていたことを思い出そう)。

アレグザンダーが説明に用いた理論の一つであるゲシュタルト心理学(二十世紀初頭にドイツで興った心理学の一学派。人間の知覚において、部分の集まりよりも集まりがもたらす全体性のほうを強調する)では、「同型性の原理」と呼ばれる概念が中心的な役割を担っていた。この原理は、ある対象が知覚されると、その対象の形は脳の中の神経系の上にも再現されるというもので、脳の外にある形と神経系で再現される形とが同型(構造的に同等)である、という原理である。そして、脳はなまけものだから、できるだけ容易に神経系の上で再現できる形を好む。そうしたとき、秩序立ったものと無秩序なもののどちらを脳が好むかは明らかであろう。秩序立ったものを再現するほうが脳にとってたやすい。だから、脳は秩序立った形を好むと考えるのである。

ここで最初の疑問に戻ろう。それでは、その秩序というものはどんなものなのか？　アレグザンダーの答えは「加法について閉じている」というものであった。あるものの集まりが加法に閉じているとは、その集まりからa、bという二つのものを取り出したとき、それらを足したa＋bもその集まりの中に含まれている、ということである。たとえば、自然数の集まりはこの性質を持っている。自然数からどんな二つの数をとってきたとしても、その和はまた自然数となる。つまり、その集合のいかなる二つの要素を選んでそれらを足し合わせても、その結果はまたその集合の中に含まれているため、その集合の要素は互いに加えるという操作では、その外に出ることができない。だから、この集合は加法に対して閉じているというのである。

それでは、ここで挙げた寸法体系がこの「加法について閉じている」という性質を持っているかどうか、検討してみよう。

まず、グリッド・システムが加法に対して閉じているのは明らかであろう。グリッド・システムとは、碁盤の目のような寸法体系であって、それは単純に、

1, 2, 3, 4, 5, 6, …

というように、最も小さい単位（この場合は1）を繰り返し足し合わせて得られる寸法体系のことである。日本の伝統的な寸法体系である間（けん）は、畳の寸法が一八二〇ミリ×九一〇ミリのとき、この九一〇ミリを最小単位としたグリッド・システムである。オフィスビルなどの鉄筋コンクリートラーメン構造（構造部材の節点が構造的に剛に接合されている架構）で、経済的な柱間寸法を繰り返すグリッド・システム

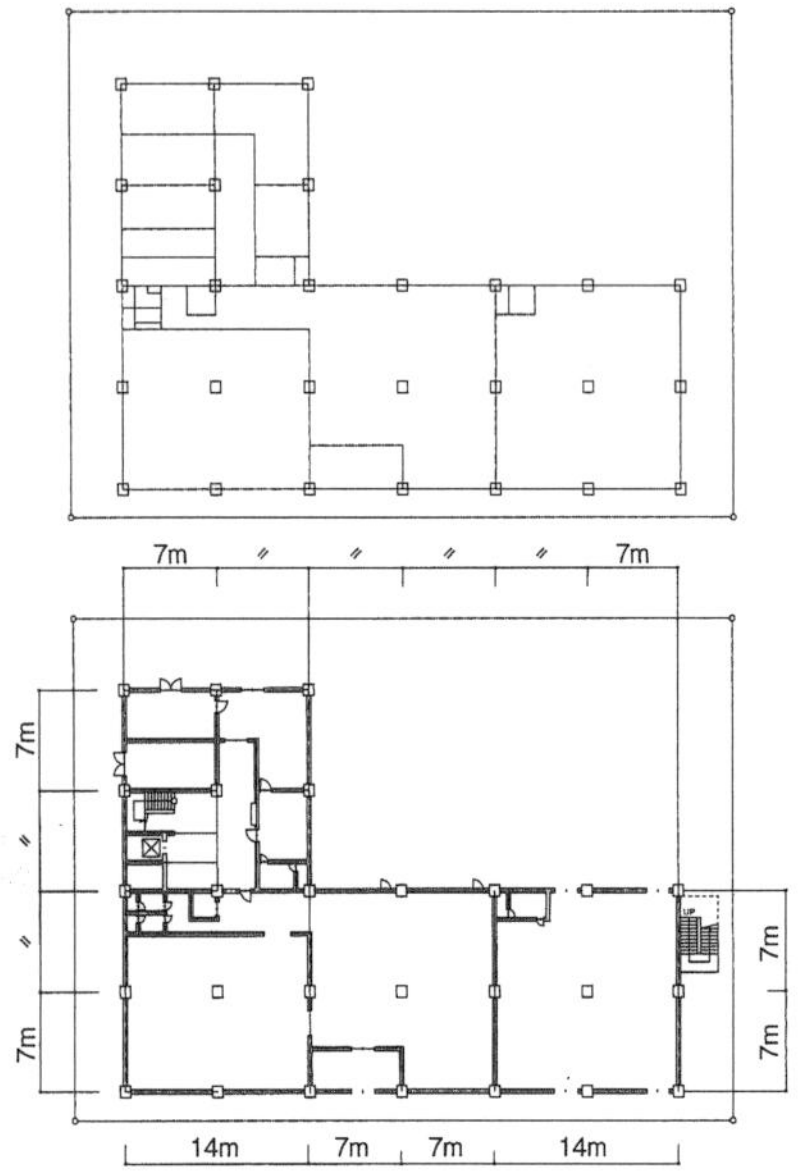

図36　グリッド・システム*10

はよく採用されている（図36）。

モダニズムの建築家もさまざまな寸法体系を提案してきたが、その中でおそらく最も有名なものは、コルビュジエが提案したモデュロールだろう。これは、人体の寸法とフィボナッチ数列、および黄金比に基づいた体系であり、グリッド・システムに比べて少し複雑な手続きによって形成されている。

モデュロールは赤の寸法列（赤組）と青の寸法列（青組）からなっている。具体的には、

赤組：6, 9, 15, 24, 39, 64, 102, 165, 267, 432, 698, 1130, 1829, 2959…

青組：11, 18, 30, 48, 78, 126, 204, 330, 534, 863, 1397, 2260, 3658, 5918…

というような数列である。ここで、赤組をR_1, R_2, R_3, …、青組をB_1, B_2, B_3, …という列だとすると、列の中で隣り合う数の比（たとえば、R_3/R_2やB_3/B_2）が黄金比φに近い値となっており、かつ、フィボナッチ数列のように、この各組の中にある数はその直前にある二つの数の和、つまり$R_3=R_1+R_2$となっている。そして、この二つの組の関係はB_nがR_nの二倍（$n=1, 2, 3…$）、すなわち、$B_n=2R_n$となるように決定されている。

ここで赤組に現れる1829と青組の2260という数値は、身長一・八二九メートルの人が片手を上げたときの指先までの高さが二・二六〇メートルであることから割り出されている。そして、この数値から始めて隣同士の数がおおむね黄金比となるように、これらの数列は定められている（図37）。

この数列を細かく見ていくと、コルビュジエのモデュロールは加法に対して閉じていないことが

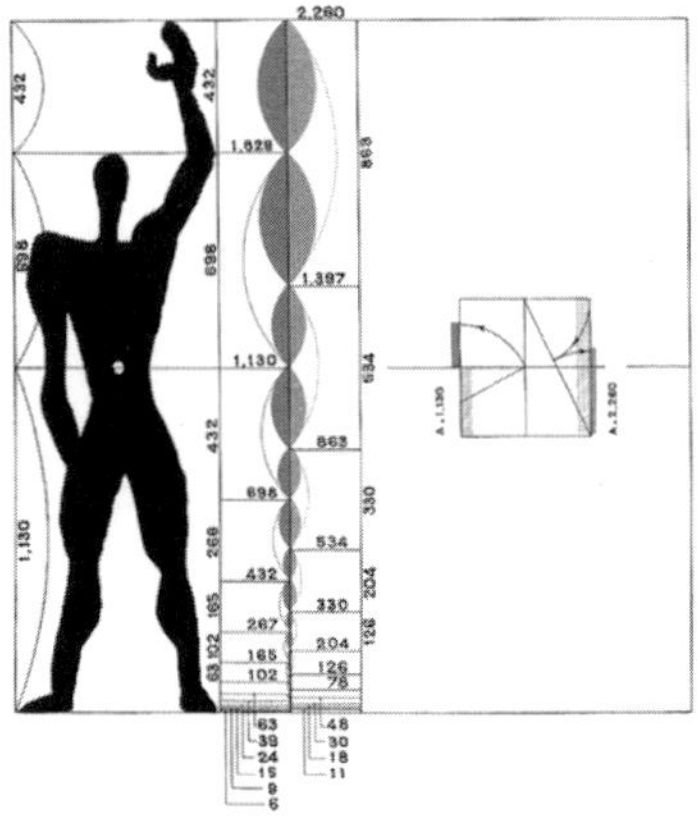

図37　モデュロールと身体の関係*10

わかる。たとえば、青組の11と30を足した41という寸法はモデュロールの中に出てこない。しかし、モデュロールを使って具体的にデザインを進めていくうちに、41というような数を寸法体系に加えておかないと具合が悪いことが起こる。たとえば、11センチと30センチの高さを持つものを積み上げたとしたら、その隣にその二つの高さを合わせたものをデザインできなくなってしまう。コルビュジエもこのことに気づき、モデュロールにこのような数を加えることにした。このような「例外」を含めると、モデュロールは全体として加法に対して閉じた寸法体系となる。

この、加法に対して閉じていることが、「なまけもの」の人の知覚メカニズムにおいて有利に働く。それは、加法に対して閉じていない、つまり、大きなものの寸法がより小さなものの寸法の組合せから導くことができないようなものの集まりを考えてみるとわかりやすい。たとえば、小さな積み木を組み合わせても大きな積み木の長さにはならないような積み木のセットがあったとしたら、私たちの脳は、好きこのんでその積み木を使ってお城をデザインして組み上げようとするだろうか？　おそらく「なまけもの」の脳は途中でデザインすることを諦めて、とりあえず積み木を組み上げ始め、次第に現れてくるばらばらの高さの壁を前にして、城づくりさえも諦めてしまうだろう。

つまり、われわれの脳は秩序ある形を好む。だから、寸法体系も秩序立ったものとすべきである。そして、その秩序のうち最も基本的であり、かつ当時提案されていた寸法体系――コルビュジエの「モデュロール」や、工業製品のデザインに用いられるモジュールなど――すべてに備わっている「加法に対して閉じている」という性質は、現代の寸法体系の基盤となり得る、ということがこの論文の主な主張であった。

視覚上の美意識について

このように、アレグザンダーは「美とは何か」という問いに対して、ハーバード大学の認知研究センターに所属する前から、心理学の方面からアプローチしていた。そして、認知研究センターに所属した後、『視覚上の美意識に関する考察結果』[18]を発表する。ブルーナーの指導のもとに執筆された、最初の心理学論文である。

ここで行われた心理実験の目的は、(1)被験者は本来どのようにして形を見ているのであろうか、(2)被験者が形と形とを関連づけることと、それらの形の見方の間には関係があるだろうか、(3)そのような関連があるとすれば、それにはどのような特質があるのだろうかということを、「言葉を用いることなく」明らかにすることであった。視覚上の美意識に関する実験の中で言葉を用いてしまうと、被験者が見ているものによって反応するのではなく、彼らが持っている「救いようもなく不十分な」[18]語彙に基づいて反応してしまうとアレグザンダーが考えていたからである※1。つまり、私たちは言葉で表現される次元を超えた、言葉によって分節される前の次元において形を見ており、それを言葉で表現してしまうと、その見たものが何か異なるものへと変質してしまうと考えたのである。アレグザンダーがこの論文で主張しようとしたことは、当時多くの心理学者および言語学者の中で信じられていた仮説「人はその人が知っている言葉に基づいて世界を見ている」※2に明確に異を唱えるものでもあった。

図38　カナレット(1697-1768)

図39　グアルディ(1712-1793)

図40　コロー(1796-1875)

このことに関連してアレグザンダーは、予備実験での興味深いエピソードを紹介している。十八世紀ヴェネツィアの画家カナレットによるサンマルク広場の絵（図38）と同じく十八世紀ヴェネツィアの画家グアルディによるグラン・カナルの絵（図39）、そして十九世紀フランスの画家コローによる一艘の船の線画のポストカード（図40）を十二歳の少女に示した※3ところ、すぐに、ヴェネツィアの画家による二つの絵（図38、図39）を最も似た絵としてグループ化した。しかし、それらが似ている理由を説明しなければならないことを思い出した少女は、グアルディとコローの絵をグループ化し「この二つの絵（図39、図40）には両方とも船が描かれています」と答えた。「これら二つを視覚的に似ているというのはばかげたことである。それらの絵（図38、図39）が似ていることは彼女にもよくわかっていたのにもかかわらず、ヴェネツィア学派の絵の類似点を言葉で説明することは、十二歳の少女には難しすぎたのである」とアレグザンダーは述べている。

この実験は具体的にはおおよそ以下の通りに行われた。

1　まず、図41に示す八つの図形のうち二つ（A、Bとする）を六人の被験者に提示し、残りの

※1　このことは、人は形の中に「名づけ得ぬ質」を見出すことができるという『時を超えた建設の道』に現れる信念を、この時期からすでに、アレグザンダーが持っていたことを示している。
※2　一般に「サピア＝ウォーフ仮説」と呼ばれる。
※3　ここに示した図38、図39、図40は、アレグザンダーがこの予備実験で実際に示したものとは限らない（論文中に絵は示されていない）が、できるだけ近いと思われるものを挙げている。

六つの図形が、AとBのどちらにより似ているかを被験者に判定してもらう。これをすべての組合せ（五六通り）で行うことにより、どの図形同士が互いにより似ている、また似ていないと被験者が考えているのかがわかる（類似度による順序）。

2　次に、八つの図形を被験者の好みの順に並べてもらう（好みの順序）。

3　さらに、似ていると感じる図形のペアを、その理由を口頭で述べた上でリストアップしてもらう（内省による順序）。

果たして、実験結果はアレグザンダーの予想を見事に裏づけるものであった。図形が似ている順序（類似度による順序）は六人の被験者の間で非常に高い一致を示したのに対し、好みの順序や内省による順序についてはほとんど一致点を見出すことができなかったのである。被験者が互いに似ているとした度合いを距離に置き換え、その距離に応じた順序に八つの図形を左から順番に並べたものが図42である。六人の被験者の示した図形の類似度がほぼ一致していることが見て取れる。これは、人々がこれら八つの形を見るときに主たる見方というものが存在している一方で、その見方自体は言葉では説明できない、つまり、人が形を見るその仕方は「名づけることができない」[18]ことを示しているのである。アレグザンダーは論文の中で以下のように述べている。

われわれが引き出した次元は視覚的なものであり、言葉上のものではない。それらの次元には名前がなく、それについて直接的には議論できない。しかし、その次元をわれわれはこの目で見ることができるのである。人は、類似度による次元の一つの端から他方の端へとなにかが変化していくことを見て取る。しかし、その「なにか」を名づけることはほとんど不可能なのである[18]。

人が形を見るその仕方は「名づけることができない」というアレグザンダーが引き出した結論は、その見方がブルーナーの言うイメージによる表象を通じたものであることを示唆している。ブルーナーは『認識能力の成長』の中で以下のように書いている。

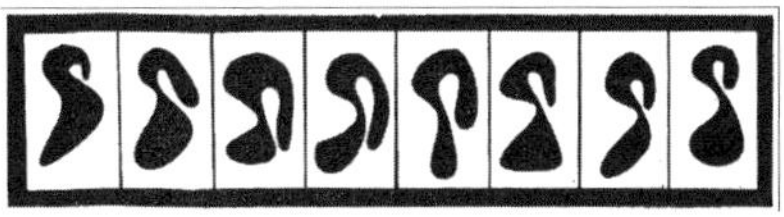

図41　実験に用いられた八つの図形*7

図42　実験結果*7

表象作用は次の二つの意味から理解される。媒体としてのそれと、対象としてのそれとである。つまり、前者は何でもって表象するかという問題であり、後者は何を表象するのかという問題である。まず前者については、人があるものを「知っている方法」として、三つをあげることができる。行為を通してものを知っている場合と、そのものの画像あるいはイメージを通してそのものを知っている場合と、言語のような象徴的手段を通して知っている場合の三つである[19]。

つまり、この論文の結果をブルーナーの図式に従って解釈すれば、人はイメージを通して形を知っているため、形の見方自体について言葉を通じて表現することができない、ということになる。

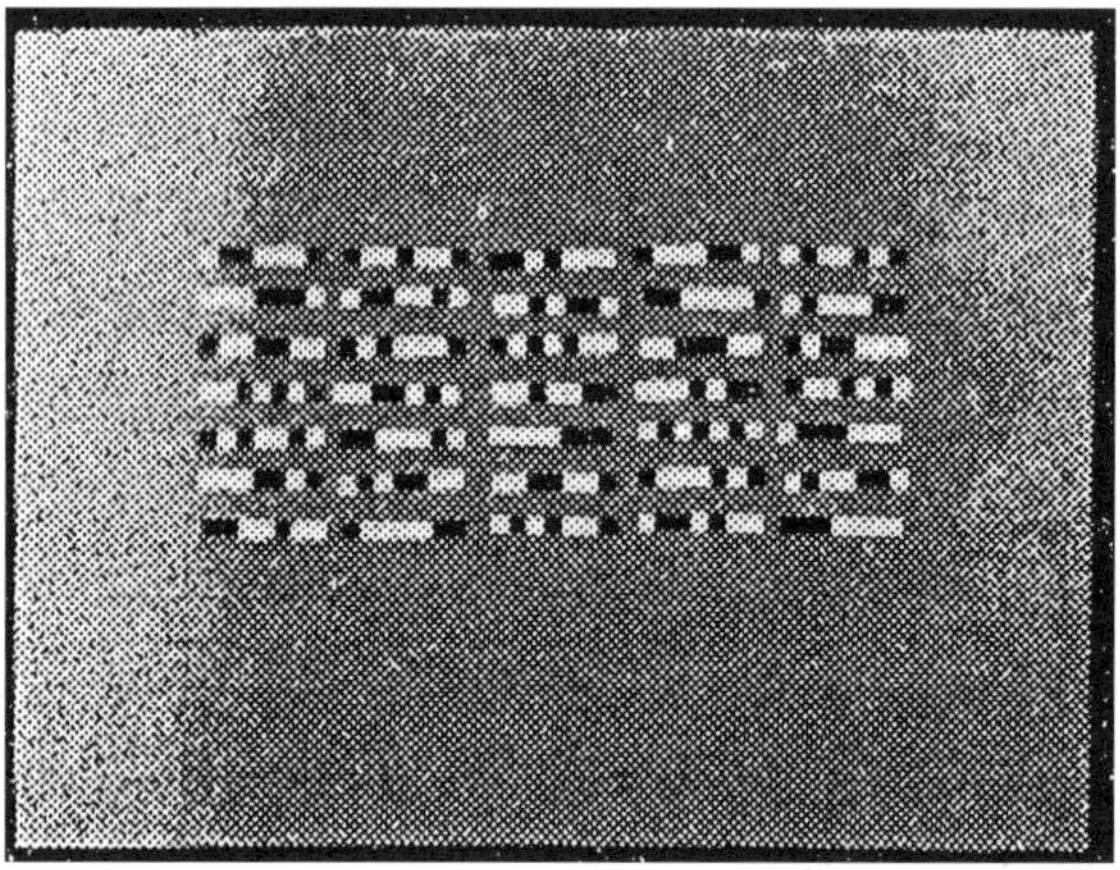
図43 実験で用いられた35種類の白と黒のパターン*7

サブ・シンメトリー

『サブ・シンメトリー』[20]は、後のアレグザンダーの理論を検討する上で特に重要なものであるため、その実験内容も含めてより具体的に紹介しよう。

実験では図43の三五種類のパターンを用いて、(1)どのパターンが最も簡単に見つけ出せるか、(2)どのパターンが最もシンプルだと感じられるか、(3)どのパターンが最も記憶しやすいか、(4)どのパターンが最も言葉で表現しやすいか、の四点について調べた。これらはすべて、異なる側面から形の「シンプルさ」の基準を測るものであり、実際には、以下の四つの実験により検証された。

実験1：「探索実験」では、図43のようなランダムに並ぶ三五のパターンすべてを被験者に示し、次にそのパターンのうち一つだけを示して、そのパターンが三五のパターンのうちのどれであるかを、できるだけ早く見つけて指摘してもらう。

実験2：「主観実験」では、三五種類のパターンをランダムに並べたものを床に置く。一方、それらのパターンがランダムに方向性もなくボードの上に散らばっているものを、別の部屋に用意する。そこで被験者は、床に置かれた中から一つのパターンを選択し記憶するように指示され、それと同じパターンを別の部屋でボード上に配置するように求められる。

実験3：「記憶と混同実験」では、被験者は四つのパターンが描かれている一枚のカードを渡され、三十秒間でそれらのパターンを記憶するように求められる。そしてその十秒後、三五種類のパターンの中から先ほどの四つのパターンを選択するように指示される。

実験4：「言語による描写実験」では、二人の被験者が不透明なスクリーンを挟んで反対側に座り、そのうちの一人（Aとする）には三五種類のパターンをランダムに並べたものを示し、もう一人（Bとする）にも三五種類のパターンをAのものとは異なる順にランダムに並べたものを示す。そしてAは五つのパターンが描かれている一枚のカードを渡され、三十秒間でBにそれらを言葉で描写し、伝えてもらう。一方BはAの描写から五つのパターンを三五種類のパターンから選択する。

これらの実験の結果得られるパターンのシンプルさの順序は、結局、ほぼ同一であった。そのシンプルさの順序を図44に示す。図の中で最も上にある、横に15と記されたパターンが最もシンプルであり、下にいくに従ってシンプルではなくなっていく。

それでは、パターンのどのような特性がそのパターンをシンプルにしたりシンプルと感じさせなかったりしたのだろうか？　アレグザンダーらはシンプルさの要因として以下の二つの条件を示す。

1　対称性（シンメトリー）、2　白や黒のセグメント（区画）の数[※4]

この二つの条件が選ばれたのは、これらの条件だけが当時心理学においてシンプルさを説明する明確に定義された概念だったからであった。特に、1はゲシュタルト心理学において、ある

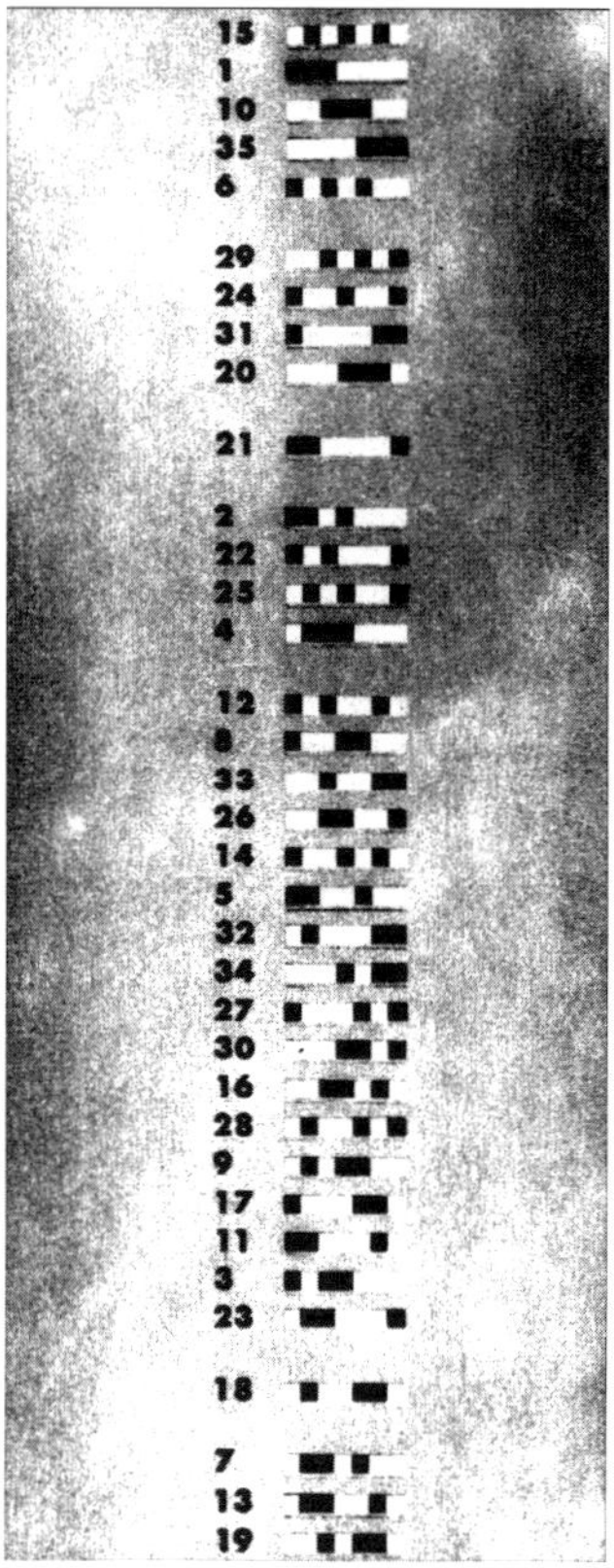

図44　35パターンのシンプルさの順序[*7]

形態が「良い」形態とされる根拠の一つであった。これらを念頭に置いて図44の上方にあるパターンを眺めてみると、確かにある程度は当てはまっている。しかし、よく見てみると、たとえば最もシンプルだとされるパターン（図44の最も上にある左に15と書かれているパターン）は2の条件に反しており、さらに、二番目のものは三五のタイプのうち最も非対称と言ってよいものである。したがって、これら二つの条件ではパターンのシンプルさの順序について説明できない。そこで、アレグザンダーらはこれら上位二つのパターンが共通して持っている構造的な特性を検討して、それが「パターンの中にあるサブ・シンメトリー数」だという仮説を立てた。

「サブ・シンメトリー」の定義を、アレグザンダーの解説に基づいて説明しよう。まず「セグメント（区画）」を定義する。この論文で用いている三五のパターンはそれぞれ七つの正方形から構成されており、それぞれの正方形は白か黒に着色されている。セグメントとは、この七つの正方形のうち連続する二つかそれ以上の正方形の集まりのことである。たとえば、一つのパターンは七つの正方形で構成されているから、それ自体で七つの正方形の長さを持つセグメントである。このセグメントから六つの連続する正方形によって構成されるセグメントはいくつ取り出せるだろうか。それは、パターンの左端から連続する六つの正方形のセグメントと、右端から連続する六つの正方形のセグメントの二つである。このようにして数えていくと、五つの正方形の長さを持つセグメン

※4　セグメントの数については、すぐ後でアレグザンダーによる定義を示す。

トの取り出し方は三通りあり、四つの正方形の場合は四通り、三つの場合は五通り、二つの場合は六通りとなり、これらを合計すると一つのパターンから全部で二一セグメントが取り出せることがわかる。

次は、シンメトリーとサブ・シンメトリーの定義を示そう。あるセグメントがシンメトリーであるとは、そのセグメントの中に左右が対称となる軸が存在することを言う。たとえば図45に示したセグメントは、その中に左右対称の軸を持っているためシンメトリーである。そして、このようなシンメ

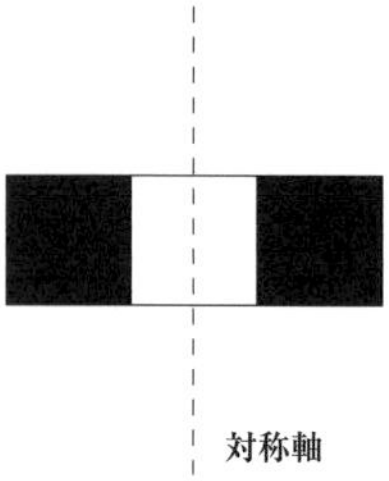

図45　シンメトリーであるセグメント

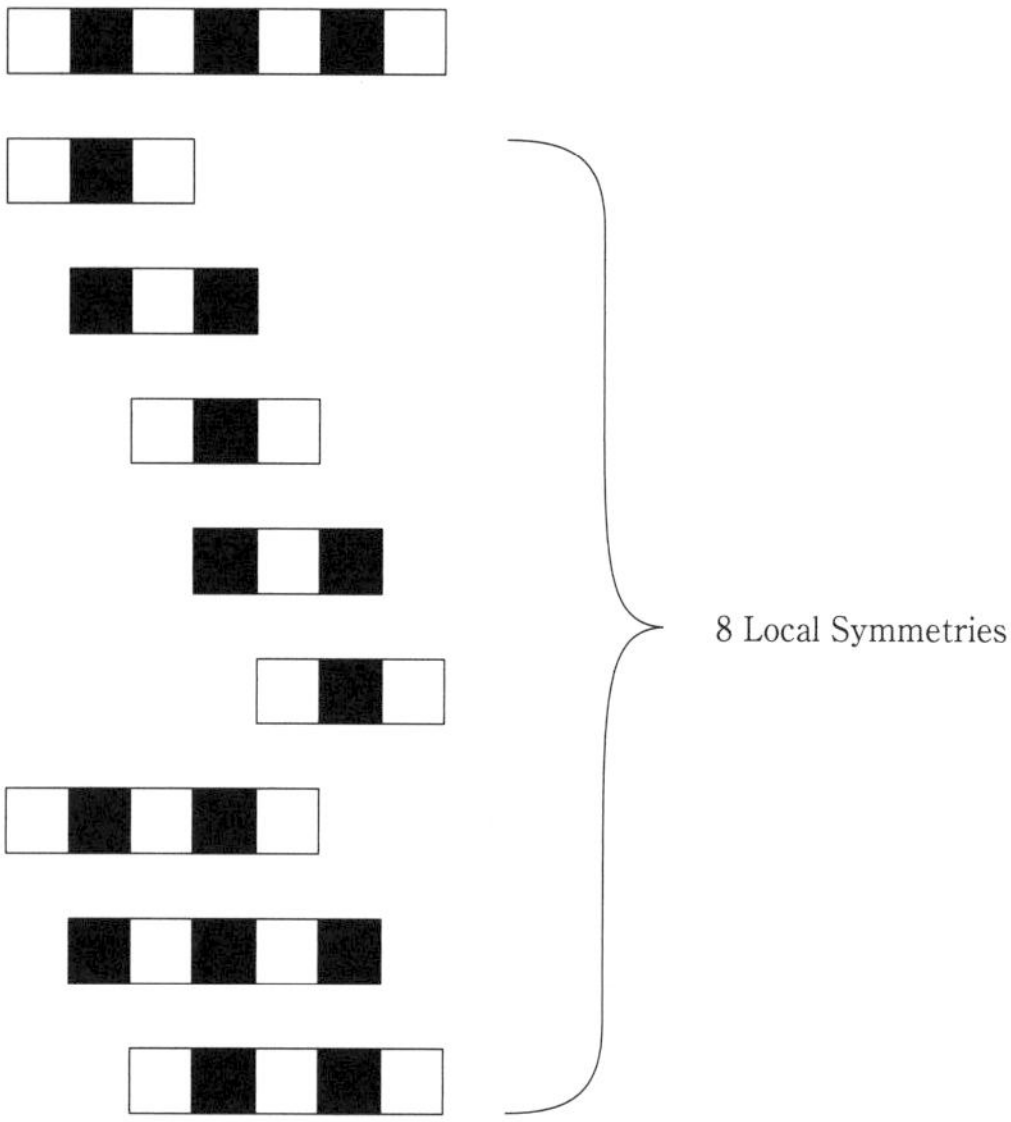

図46　パターンの中の局所的シンメトリーの数*7

トリーであるセグメントを局所的シンメトリーと呼び、一つのパターンが持つ局所的シンメトリーの総和がサブ・シンメトリーと呼ばれるものとなる。図46は『ザ・ネイチャー・オブ・オーダー』の中で、アレグザンダーがこのサブ・シンメトリーの概念を説明している図である。この図中に示されているパターンは図44の一番上にある最もシンプルだとされているものであり、ここではこのような局所的シンメトリーがこのパターンの中に八つあるとしている。そして、このパターン全体もシンメトリーを持つので、全体としてのサブ・シンメトリーの数は九となる。

このような定義に基づいて各パターンのサブ・シンメトリー数を数えた結果を図47に示す（図中の各パターンの右にある数字）。シンプルさの順序の上位二つのパターンは、ともにそれぞれ九つのサブ・シンメトリーを持っている。そして、この二つのパターンが持つサブ・シンメトリーの数は三五パターンの中で最大のものであり、逆に最下位のパターンのサブ・シンメト

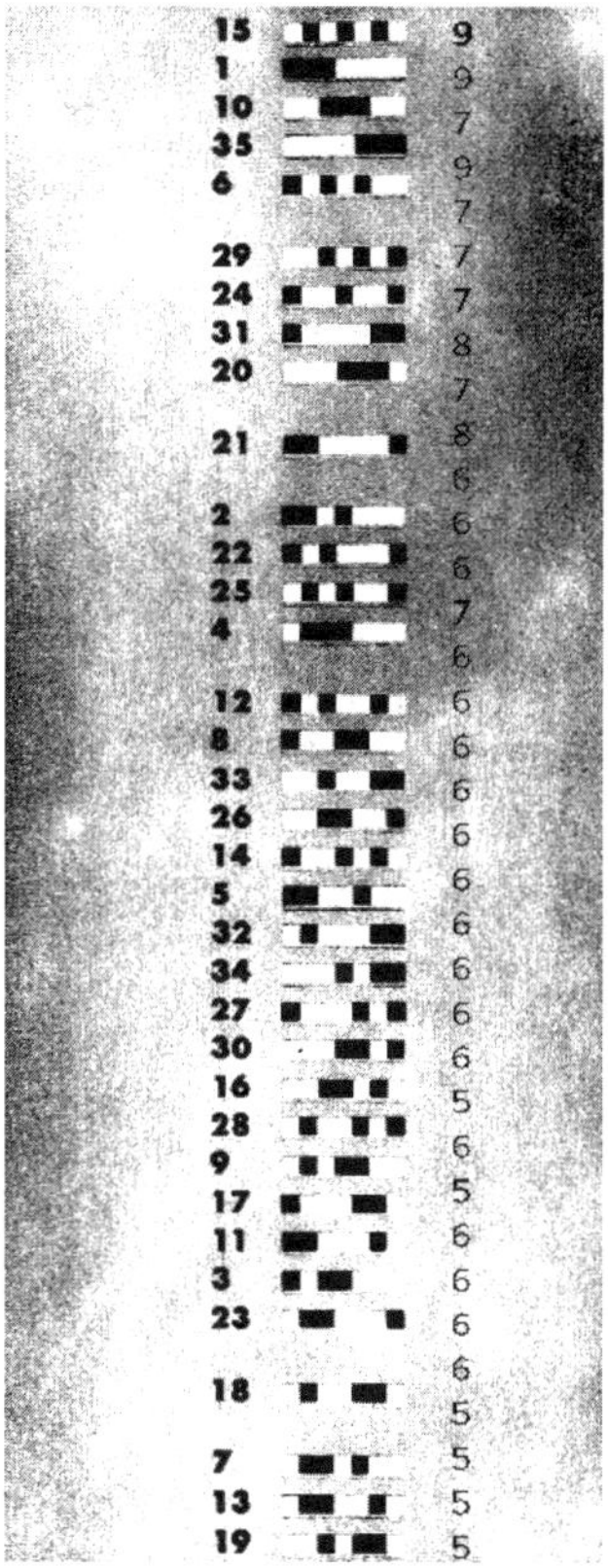

図47　35パターンのサブ・シンメトリーの数*7

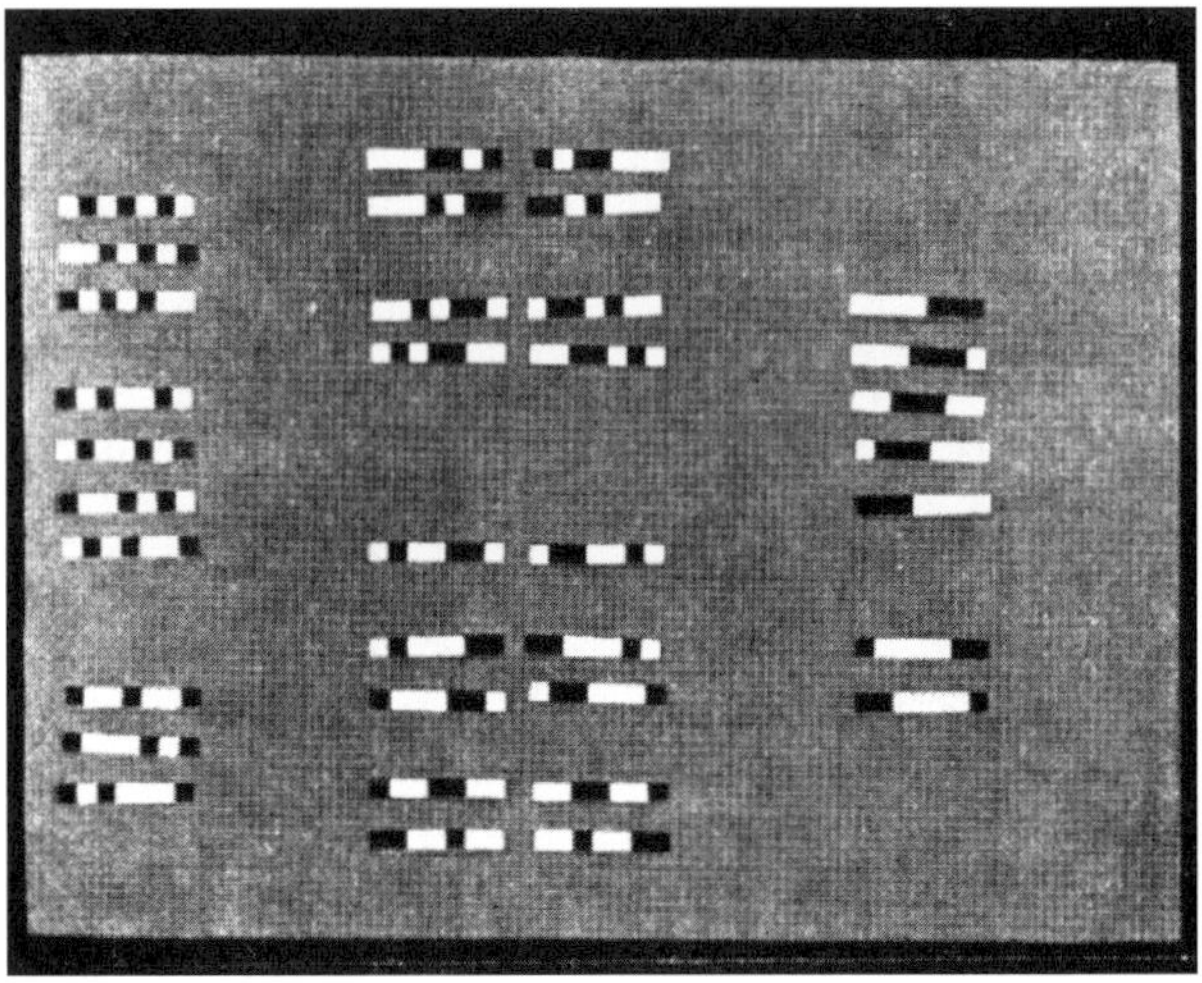

図48　全体として知覚した場合*7

リーの数は五で、これは三五種類の中で最小のサブ・シンメトリーの数である。

さらにこの結果は、人が探索課題をするときにパターンの知覚がシークエンスから全体へと移行する理由も示唆している。すなわち、パターンの探索課題を与えられた場合、人は自分が認識しやすい基準に従ってパターンをグルーピングしようとする。その基準がシンプルさである。たとえば図48では図47の最上位にある最もシンプルなパターン二つがそれぞれ図の右端と左端の一番上に置かれ、そのパターンに似ていると知覚されるパターンがその周囲に並べられている。このようなグルーピングをしようとした場合、シンプルさを知覚できるような見方をしていなければならず、それはサブ・シンメトリーを知覚できるような見方でなければならない。つまり、シークエンスとして知覚していてはサブ・シンメトリーのようなパターン全体にかかわる構造的特性は知覚できないため、探索課題を与えられたとき、人は自然と全体として知覚するような見方でパターンを見るようになるのである。

そして、この「サブ・シンメトリー」という考えは、アレグザンダーの理論に共通する問題に一つの答えを与えるものであった。『クリストファー・アレグザンダー』[1]の中で彼はこう述べている。

『形の宇宙』※5における基本的なアイデアは、あるものの構造とはある意味でサブ・オブジェクト※6の構造であるというものでした。ですから、その内容は『ノート』や『都市はツリーではない』そして『パターン・ランゲージ』も含めて、当初から引きつけてやまなかったあらゆる構造とも一致するものなのです。

つまり、パターンの全体構造はその構成要素の特性によって理解でき、しかも、そのような特性はサブ・シンメトリーのように幾何学的なものとして理解可能だということであった。

このような問題意識は約四十年後に出版された『ザ・ネイチャー・オブ・オーダー』においても

※5　事故によって消失したため出版されなかった手稿。詳しくは［1］参照。
※6　全体を構成する要素のこと。

引き継がれており、「サブ・シンメトリー」の成果がここでも引用されている[21]。

私自身が全体性の理論を見出そうとする中で、これらの実験は大きな役割を果たした。なぜなら、世の中にある全体性はなんらかの仕方において重なり合っている全体のつくり上げる構造ではないかという私の予想を、強力に裏づけるものであったからである。サブ・シンメトリーが個別のものではなく、重なり合っていることに注目して下さい。知覚された実体のこのような重なり合い――ここではそれらの局所的なシンメトリーとして定義されたもの――が被験者に知覚され、感じられたような顕著な全体性を形づくったのである。そして後には、理論全体に基盤を与えるものとしてその実体(実験では局所的な対称性として理解されたもの)は全体性へ、さらにその後には中心(center)へと拡張されるのである。ここで本質的なことは、これらのパターンの中の局所的な対称性は、決定的かつ非常に予想外の役割を果たしていることである。それらは視界から隠されているのであるが、パターンの見方やパターンの働き方を実質的にコントロールしているのである。

こうして、「良い形を特徴づける」構造とはサブ・オブジェクトの構造であり、その一つがサブ・シンメトリーだということをアレグザンダーは発見した。このことは、彼が「良い形を特徴づける」構造を探求した認知心理学研究を総括する、一つの大きな到達点となった。なぜなら、サブ・シンメトリーが部分の組合せによって全体を構成するという加法に対して閉じている寸法体系と同様の性質を持ったものであり、かつ、サブ・シンメトリーが一見してわかるような構造ではなく、言葉では表現できないようなより深い構造であったからである。

サブ・シンメトリーを発見したアレグザンダーは、この後、このような「良い形を特徴づける」構造を具体的に生成するデザインプロセス、すなわち「パターン・ランゲージ」の探求へと向かう。

Ⅵ 徹底的な機能主義

『パターン・ランゲージ』

モダニズムを特徴づける分析・綜合によって形づくられた人工物が必然的にツリー構造を成すこと、およびそのツリー構造は時間をかけて徐々に形成されたような環境の構造とは相容れないことに気づいたアレグザンダーは、ツリー構造に代わる環境の構造のつくり方、すなわちデザインプロセスの探求へと向かった。

認知科学的研究から、ツリー構造に代わる構造はなんらかの意味で秩序立っており、その秩序がもたらす質は言葉では表現できない種類のものだとわかった。さらに「サブ・シンメトリー」では、それがなんらかの仕方で重なり合っている部分が全体として形づくる構造であることがわかってきた。

次の問題は、このような構造をどうやってデザインしていくかである。それを『環境構造のアトム』[22]の中で、アレグザンダーは「デザイン・プログラミング」と呼んでいる。その内容をざっと紹介すると、

1　デザインの最小単位(アトム)は「関係」である

2　「関係」とは、建物がうまく機能するために望まれる、ものの幾何学的な関係である

3　この関係は「ニーズ」から導かれる

4　「ニーズ」という考えは、新たに定義し直さなければならない

5　その定義は、「ニーズとは、人の持つ傾向」である

6　デザインとは、この傾向の中にある対立(コンフリクト)を解消するような幾何学的関係を

見出すことである

というものであった。

これらに基づいて、パターン・ランゲージというデザイン・プログラムはつくられた。

ニーズの分析

デザインの基本的単位がものの関係であり、その関係がニーズから導かれるとすると、まずこのニーズとは何かを明らかにしなければならない。ニーズとは何だろうか?

第Ⅱ章で紹介した通り、イームズ夫妻はニーズの認識がデザインに求められる第一条件だとしていた。実際のデザインプロセスを考えてみても、今求められているものは何か、そもそも何に向けてデザインしているのかというところからデザインが始まるのが普通だろう。つまり、「ニーズ」はデザインプロセスのスタート地点にある。そして、いろいろと試行錯誤したあげくなんとかデザインの成果をつくり上げたら、最後にスタート地点に立ち戻り、そこにあった「ニーズ」とつくり上げた成果を突き合わせて、その成果が求められていたものと合致しているかを確かめる。つまり、「ニーズ」がないとデザインは始まらず、「ニーズ」がないとデザインは終わらないのである。

しかし、「ニーズ」をとらえることは難しい。これをとらえるためにデザイナーが普通することは、クライアントやユーザーに何が欲しいかを聞いてみることだろう。しかし、ユーザーに尋ねたことがある人であれば誰でも、ユーザーは自分が本当に欲しいものを知らないということを経験上知っている。アップルのスティーブ・ジョブスも、かつてこんなことを言っていた。

実際にものを見せてあげるまで、本当のところ何が欲しいのか消費者自身にもわからないことが多いんだ[23]。

それでは、人を観察してみればわかるだろうか。椅子をデザインしてほしいと依頼してきた人の「座る」行動を細かく観察したら、その人がどんな椅子を求めているかがわかるだろうか? このような観察をしても、その人がどのように座るのかはわかるだろうが、その人がどのような椅子を求めているかまではわからないだろう。

ユーザーに尋ねてもユーザーの行為を観察しても、結局のところ「ニーズ」はわからない。なぜだろうか? 「ニーズという考えがうまく定義されていないからだ」とアレグザンダーは考えた。それでは、うまく定義されたニーズとはどういうものだろうか。それは、ニーズが満たされたとき、その「満された」ことが客観的にわかる、そういう定義である。なぜなら、そのニーズがある特定のデザイナーやユーザーだけが理解できるような個人的なものだったとしたら、ユーザーのニーズを満たしたとデザイナーが思ったとしても、それを確かめる術がないからだ。そのような主観的なニーズのとらえ方は、科学者を自認するアレグザンダーには到底受け入れられるものではなかった。それでは、うまく定義されたニーズとは具体的にどういうものなのか、アレグザンダーが挙げた例をもとに説明しよう。たとえば、「オフィスで働く人は外の景色を求めている」という「ニーズ」があったとしよう。このとき、この「ニーズ」はさまざまに解釈できる。それは「オフィスから外を眺められるとよい」ということなのか、「外を眺められると、オフィスで働く人の生産性が上がる」ということなのか、「オフィスで働く人は外の景色を眺めるためならお金を払う」ということなのか、はたまた「オフィスから外の景色が眺められるような職場に人は勤めたいと思う」ということなのか。つまり、「オフィスで働く人は外の景色を求めている」という「ニーズ」にはさまざまな解釈があり得るため、それが「満たされた」と言われても、そのうちのどれが満たされたのか客観的によくわからないのである。

そこでアレグザンダーは、オフィスからの景色についての「ニーズ」を「オフィスで働く人は、オフィスから外を眺めようとする」と表現し直そうと提案する。そうすれば、たとえばオフィスで働く人を観察して、実際に外の景色を眺めるかどうかを調べることで、その「ニーズ」が満たされたのかどうかを客観的に検証できる。椅子の例では、「ニーズ」を「椅子に三時間座っていても体が痛くならない」と表現すれば、これも検証可能なものとなる。

このように「ニーズ」の解釈を「……を求めている」から「……しようとする」へと換えることは、つまりは「ニーズ」を人の持つ客観的に検証可能な「傾向」だととらえることである。アレグザンダーは次のように述べている。

> ニーズの概念を「人々がしようとすること」という概念に置き換えてみよう。ある人々に機会を与えたとき、彼らが自発的にそのニーズを満たそうとするとわかったら、それを事実上ニーズであると認めよう。これが正しいとすれば、すべてのニーズは自発的な力であることを意味している。このニーズの背後にある自発的な力を傾向と呼ぶ[22]（強調は原著者による）。

このように検証可能な傾向を扱うことは、科学者が日々行っていることだ。科学者は自然が持つ傾向についての検証可能な言明、すなわち仮説を日々扱っており、その真偽を実験や観察によって検証することを通して科学理論を構築している。

ただし、デザインは実際のところ科学ではない。もし、科学とまったく同じようにこの傾向の存在を検証しようとすれば、その傾向以外の影響を排除した実験環境を整えた上で、多くのデータを取り、分析しなければならないが、それはデザイナーの仕事ではない。デザイナーが行うことは、ニーズを満たすことであって、ニーズとは何かを厳密に明らかにすることではないのである。

デザインが求められるとき

それでは、ニーズを傾向ととらえ直したとき、デザイナーの役割とはどういうものとなるのだろうか？　たとえば、その傾向が「人は一定以上の明るさのもとで本を読む」ということだったら、人は本を読むときにデスクライトを使って必要な明るさを確保すればよい。そこには、普通、デザイナーの介入する余地はない。ユーザーは確かになにか傾向を持ってはいるが、ほとんどの場合、この例のように自分でその傾向に従って行動し、その傾向、すなわちニーズを自分で満たしてしまう。

では、デザイナーが扱うべき状況とはどういうものなのだろうか？　それは、ユーザー単独では、その傾向に従ってニーズを満たせないような場合である。つまり、二つ以上の傾向がその場に存在し、その一つを満たそうとすると他が満たせないような状況にユーザーが陥っているときである。

アレグザンダーが示した椅子の例を使って具体的に説明してみよう。ここに布張りの椅子があるとしよう。布張りだから人が座ると体が椅子に沈み込む。そのまま数分座り続けていると、だんだん居心地が悪くなってくる。そして、しだいに椅子に当たっているところの痛みが増してくるが体は動かせない。

これは単に一つの傾向が満たされていない状況のように思うかもしれないが、そうではない。この痛みを解消させる方法はある。単に立ち上がって歩き回ればよいのだ。しかし、そこにあるもう一つの傾向が、人を椅子に縛りつけている。たとえば誰かと話をしていたり、本を読んでいたりする、というような。他にも人は、誰かと話をしているときに席を立たない傾向を持っているし、夢中になって本を読んでいるときは椅子の座り心地についてつい忘れてしまう傾向も持っている。こうした人が持つ行為の傾向と布張りの椅子に座ったときの体の傾向がぶつかり合っているために、人は立ち上がることもできず沈み込む椅子の上で痛みに耐え続けなければならなくなる。

このように、二つ以上の傾向が衝突している状況を、アレグザンダーは「コンフリクト」と呼んだ。そして、デザインが必要とされるのは、このようなコンフリクトが生じており、それをユーザー単独では解消できないようなときだと考えた。デザイナーはこのようなコンフリクトを解消することを求められているのである。適切にデザインされた椅子ではこのようなコンフリクトが解消されており、ユーザーが痛みに耐えて座り続けるような状況は発生しない。そうしたコンフリクトから解放された、ユーザーの努力だけでは得られない状況をユーザーに提供することがデザイナーの仕事なのである。

幾何学的関係

それでは、デザイナーはコンフリクトを解消するために何をしたらよいのだろうか？　椅子の例では「適切にデザインすることによって」コンフリクトは解消された。それでは、「適切にデザインすること」とは何を適切にデザインすることなのだろうか？

椅子はさまざまな部分からできている。座面や脚、背もたれ、肘掛けなどなど。さらに、座面それ自体も複数の部分によって構成されている。そして、ユーザーが痛みに耐えて椅子に座り続けているときにコンフリクトを生じさせているのは、このような構成要素や部分間の幾何学的関係である。だから、デザイナーがコンフリクトを解消しようとするときに「適切にデザインする」対象とは、このような部分間の幾何学的な「関係」なのだというのがアレグザンダーの考えであった。

たとえば、『環境構造のアトム』で紹介された、スーパーマーケットのレジまわりのデザインを見てみよう。アレグザンダーは、このスーパーマーケットという状況に見られる典型的な幾何学的関係を以下のように挙げている。

1　レジカウンターは出口の近くにある

2　買い物カゴは入り口に入ってすぐのところに置いてある

3　生鮮食料品の冷蔵庫は店の奥にあり、その他の商品はみなレジカウンターとこの冷蔵庫の間に陳列されている

これらの関係は、スーパーマーケットという状況に生じるコンフリクトを長い時間をかけて解消してきた結果、現れてきたものだろう。具体的には、この三つの幾何学的関係は次のようなコンフリクトを解消した結果であるとアレグザンダーは考えた。

1は、以下のような傾向の間に生じるコンフリクトを解消する。

・経営者はすべての商品をレジより内側に置かなければならない

・経営者は店のすべての空間を売り場としたい

2は、以下のような傾向の間に生じるコンフリクトを解消する。

・経営者はより多くの商品を買ってもらうために、買い物客にカゴを使ってほしい

・買い物客は商品までできるだけ早く到達したいため、カゴを取り忘れる傾向がある

3は、以下のような傾向の間に生じるコンフリクトを解消する。

・経営者は可能な限り多くの商品の前を買い物客に通過してほしい
・買い物客は生鮮食料品のある場所に必ず立ち寄る

つまりここでは、傾向の間にあるこのようなコンフリクトを解消するスーパーマーケットの配置(幾何学的関係)を見つけ出すことがデザイナーの仕事なのである。「デザインの最終的な目標は形である」と『ノート』でアレグザンダーは述べていたが、ここで、その形とはこのような幾何学的な関係であることがはっきりした。

次にアレグザンダーは、デザイナーの仕事は次の二段階で構成されると述べている。

1　二つ以上の傾向の間にコンフリクトが生じている状況を特定する
2　これらのコンフリクトを解消するのに必要にして十分な幾何学的関係を求める

ここで重要なことは、傾向は検証可能で客観的なものであったから、この二つの作業を行うときに、デザイナーは美しいとか好きだというような個人の価値観を参照しなくてもよいことである。だから、このコンフリクトを解消する幾何学的関係を多くのデザイナーやユーザーたちとの共同作業により、客観的基準に基づいて改善していけるのである。

フォース

アレグザンダーは論文『フォースの集合から形へ』[24]の中で、この傾向という考えをより一般化して、「フォース」という言葉を用いて説明している。彼によれば、個人や社会システム、さらには物理世界における力学的システムなどありとあらゆるものは、このフォースに関して共通した性質を持っているとされる。その性質とは、すべてのものは、ある状態にあるとき次の状態へ移行しようとする一定した傾向を持っているということだ。そしてそのシステムが人である場合に、この傾向のことを単に「ニーズ」と呼ぶのであり、これが自然界に働くものであれば、それをニュートン力学における「力」と呼ぶし、社会的なシステムであればそれを社会的な「力」だと考えるのである。

図49　風紋*7

人には本を読むときにある一定の明るさを求める傾向がある。具体的には、人が暗くて本が読めない状態に置かれたとき、その人は電灯のスイッチをつけるか、明るさを求めて窓に近づくという一定した傾向がある。二点間を歩くとき、人にはその間の距離が最短となる経路をたどろうとする一定した傾向がある。自然界では、二つの重い物体があるとき、そこには互いに引きつけ合うという一定した傾向がある。そして、このような無数の傾向が合わさって私たちの環境を形づくっている。アレグザンダーは、そうした傾向すべてを「フォース」と呼ぶのである。

このフォースが環境を形づくる様子を、アレグザンダーは砂漠や砂丘などに見られる風紋を用いて説明している(図49)。砂地に一定の風が吹き続ければ、砂の上にさざ波のような紋様が現れる。砂地に一定の風が吹き続けると砂粒が飛ばされたところは低くなり、砂粒が落ちたところは高くなる。高くなったところには風がよく当たるので砂粒はよく飛び、低いところにある砂粒はあまり飛ばない。だから、軽い砂粒が高いところにあるとすぐに飛ばされてしまい、反対に重い砂粒はなかなか飛ばされずそこに残る。その結果、高いところには重い砂が集まり、そこにある程度の時間とどまることになる。一定の風が吹き続ければ砂粒が飛ぶ距離も一定となり、高いところと低いところの間隔も一定となる。こうして、風紋という幾何学的なパターンが形成される。

砂地に一定の風が吹いているとき、そこに働くフォースはその砂地の表面を平坦にしようとはしていない。もしそれが平坦だとしたら、そこにはコンテクストとフォースとの間にコンフリクトがあることになる。平坦な表面に風紋が現れて初めて砂地はフォースと均衡した形となり、そこにあったコンフリクトが消えたことが示される。

このようなフォースがいかにしてわれわれの環境を形づくるのかを知るためには、以下の二つを明確に定義する必要がある、とアレグザンダーは言う。

1　フォースが発生する状況(砂の上に一定の風が吹く)

2　フォースが求めている状態(風紋)

フォースに関するこれら二つの条件(これらは、先に挙げたデザイナーの仕事の二段階に対応している)が明確に定義できたら、環境に存在する一つ一つのフォースに対して、そのフォースが求める状態（幾何学的関係）が明らかになる。そして、この二つをこの順番に並べることで、「もし、あるフォースFが現れる状況Sが出現したならば、幾何学的関係Rを実現せよ」というフォースに関するルール（SならばR）が得られることになる。風紋の例では、「もし砂地の上に一定の風が吹いている状況が出現したならば、風紋を実現せよ」となる。このルールのことをアレグザンダーは後に「パターーン」と呼んだ。

このフォースが発生する状態を都市のレベルにまで拡大し、そこで発生するさまざまなフォースに対応する無数の「パターン」を組み合わせて、都市に発生するフォースが全体として求める状態、すなわちコンフリクトから解放された都市の幾何学的関係を求めようとしたのが、「パターン・ランゲージ」である。

以下の例は、アレグザンダーの論文『マルチ・サービスセンターを生成するパターン・ランゲージ』[25]の中にある、建物の入り口についてのパターンである。パターンは、前述した通り、「もしS（状況）ならばR（幾何学的関係）」というルールの形で記述されており、その後にSという状況で発生するフォースFの説明が続くという形式になっている。それでは、この形式に従って「建物の入り口」パターンを紹介しよう（図50）。

「フォースが発生する状況S」：すべて公共の建物があったら

「フォースが求めている幾何学的関係R」：その建物の入り口は、以下の二つの条件を満足するように設けるべきである。

図50　公共の建物の入り口[*7]

1　建物へのどんなアプローチからでも、建物が見えると同時に入り口も見えなければならない

2　どの角度から建物に近づいても、入り口にたどり着く前に、その建物に沿って十五メートル以上、人を歩かせてはならない

［発生するフォースF］：

1　意識していようがいまいが、歩いている人は最短の経路をたどろうと、向かっている先の道筋を前もって探索する傾向がある。そのとき、建物が見えても入り口が見えないとその探索ができず、傾向と状況の間にコンフリクトが生じる。

2　誰も再度同じところを通りたいとは思わない。もし建物に沿って長く歩かなければならないとしたら、入り口にたどり着くまでに引き返してしまって同じところを通らなければならなくなる確率が高くなるし、歩いている人も正しい道を進んでいるのか不安になってくる。

このルール（パターン）の形式をもっと一般的な形で言い換えれば「形はフォースに従う」ということである。これは、機能に関するミヒェルの分析のところで述べた自然科学者の立場、「形は実際の動作に従う」をより一般化した言い方、すなわち、「形は実際の動作の傾向に従う」となっており、アレグザンダーがこのパターンの定式化をデザイナーの立場ではなく、自然科学者の立場で行っていたことがうかがえる。そして、このパターンを基盤としてつくられているパターン・ランゲージというデザイン言語は、モダニズムの建築家たちがあやふやなままにして便利に使っていた機能についての考え方を、科学者の使う客観的で一般的なもの――ものや人の動作の傾向、すなわちパターン――に置き換え、そのパターンを組み合わせることで、ドアの詳細から都市スケールの幾何学的関係までをも求めることを意図した体系だったのである。この意味で、パターン・ランゲージはデザイン理論史上、最も徹底した機能主義の理論であると言ってよいだろう。

ルール・システム

しかし、環境にはさまざまなフォースが絡み合っているため、そのフォースが求める形を風紋の場合のようには簡単に見つけることができない場合がほとんどである。そこで、このようなフォースに関するルールを体系化し、都市や建物のような複雑な対象をデザインする方法をアレグザンダーは考えた。アレグザンダーは『都市のルール・システムの構成』[26]の中で、それがどうあるべきか述べている。

どのようにしたら物理的環境全体の設計図をつくり出せるだろうか。

私の考えは以下のようなものである。

環境の空間構造は急ごしらえのデザインによってではなく、絶え間ない成長と変化によってもたらされている。今日の空間構造は過去の変化と更新、およびその集積の結果である。明日の空間構造は今日の変化と更新、およびその集積の結果である。

このような変化は決してランダムなものではなく、法律や人の持つ傾向、暗黙の習慣などのルール・システムによって常にコントロールされている。今この時でも、私たちの地域の空間構造はこのようなルールによって形成されているのである。

現在のルール・システムがつくり出している環境は、まったく不適当なものである。だから、このようなルール・システムは変えなければならない。

そして、物理的環境全体を効果的に形成する設計図を実現するためには、以下のことを認めなければならないと主張する。

1　その設計図はルール・システムでなければならない

2　ルール・システムを一挙につくり出すことはできない。つまり、進化していかなければならない

3　ルール・システムがうまく進化していけるためには、システムは適切な内部構成を備えていなければならない

4　システムにそのような内部構成を与えるために、そのルールをまとめて調整する機関を設立しなければならない

こうしてアレグザンダーによりカリフォルニアのバークレイに設立されたのが「環境構造センター（CES）」であり、このようなルール・システム――パターン・ランゲージのこと――の内部構成をつくり出すに当たって参考にしたのが、数学の形式システムであった。

システム

ルール・システムを説明する前に、この「システム」という言葉に関するアレグザンダーの考えを見てみよう。それは、一九六七年に書かれた『システムを生成するシステム』[27]という論文にまとめられている。この「システムを生成するシステム」とはルール・システムのことである。この論文の中でアレグザンダーは、「システム」という言葉には「全体としてのシステム」と「生成システム」という二つの隠された概念があると指摘する。

「全体としてのシステム」とは、たとえば私たちの身体のように、その部分間の相互作用、つまり血液の循環や筋肉の収縮、またそれを支えるタンパク質の合成などの結果生み出される、身体全体としての特性のことである。

そして「生成システム」とは、身体のような「全体としてのシステム」を生成する組合せルール付きの部品の集まりのことで、身体の例では、DNAを中心とした遺伝情報と、その情報によっ

て生成されたタンパク質である。そして、すべての「全体としてのシステム」は、このような「生成システム」によって生成されているとアレグザンダーは考えていた。

それでは、建物や都市といった全体としてのシステムを生成できる、組合せルール付きの部品の集まりの体系は、どうしたらつくり出せるだろうか。アレグザンダーは、こういうときはいつも、自分になじみのある数学や科学の中にそのモデルを探そうとする。それは数学の形式システムであったり言語システムや遺伝システムであったりするが、この中で今回アレグザンダーが最も参考にしたものは、数学の形式システムであった。この形式システムについて、アレグザンダーの論文に基づいてそのおおまかなところを説明しよう。

生成システムは、組合せルール付きの部品の集まりであった。とすると、まずは組み合わせる部品が必要になる。数学においては、それは「＋」や「－」、「＝」などの記号や、0、1、2、…などの数字、それとx、y、z、…などの変数である。

普通は意識していないが、これらの記号には、組み合わせ方についてルールが定められている。たとえば、「＋＋1－」や「0－＝x」という記号の列はこのルールに反しているから意味をなさない。「＋の隣には数や変数の記号が入る」ことや「－と＝はこの順には並ばない」などのルールは、形式システムの記号列生成ルールによって、直接または間接に厳密に規定されている。

そしてちょうど日本語の文のように、これらの表現を組み合わせて「意味」のある文（正しいかどうかを判定できる表現）をつくり出すルールがある。たとえば「－1＝0」は記号列を生成するルールには従っているし、なんらかの意味を主張している（つまり、「−1と0は等しい」と主張している）から文である。ただし、主張している内容が間違っている。

次に、正しいことを主張している文から別の正しいことを主張している文を生成するルールがある。たとえば、$x=0$から$x\times2=0$を導いてもよい、というような。このような形式システムにより、正しい文から生成された文は真なる文であり、したがってそれは数学上の定理となる。定理とは、正しい文（公理）から形式システムのルールを複数回適用して生成された文のことである。そして、このようなルールに反している文は$-1=0$のように偽であるか、$0-=x$のように無意味なものとなる。

アレグザンダーはこのような数学の形式システムの考えに基づいて、「正しい都市・建物」を生成するルール・システムをつくり出そうとした。それがパターン・ランゲージであった。

パターン・ランゲージ

ルール・システムをつくり出すには、まず、組み合わせる部品が必要となる。それはこれまでに説明した幾何学的関係である。『環境構造のアトム』における幾何学的関係の定義を見ておこう。

環境構造のアトムは関係である。関係とは幾何学的なパターンである。関係は、建物の中でそれが機能的に正しい、または誤っているとされるもののうち、最もシンプルな幾何学的なパターンである[22]。

アレグザンダーが「パターン」という語を二通りの意味で用いていることに注意しよう。その一つは前に説明した「ルールとしてのパターン」であり、もう一つは、幾何学的パターンのように「図像としてのパターン」である。両方とも繰り返し現れるという意味では同じだが、アレグザンダーのパターン・ランゲージを理解する上では、この二つの用法を明確に区別しておかなければならない。

さてそれでは、この幾何学的パターンをどのようにして見つけ出せばよいのだろうか。この点についてアレグザンダーの態度は一貫している。それは、コンフリクトが生じる状況を特定して、その状況を解消するような幾何学的パターンを見つけ出すという手法である。それを徹底的に合理的に行おうとしたのが『ノート』であった。コンテクストからもたらされるフォースと不適合（コンフリクト）しているものを分解し、それが最もシンプルなものへと至ったら、それを解消する形を見つけ出すのである。しかし、『ノート』の時点では、その形を見つけ出す方法までは明示されていなかった。

その形を見つけ出す方法として、先に説明したもう一つの「パターン」、すなわちフォースが求める形を導き出すルールとしてのパターンが使われる。コンフリクトが生じている場に形を導き出すパターンを適用して、そこに働いているフォース、つまりニーズが求めている幾何学的関係を一つずつ求めていくのである。そして、こうして導き出された幾何学的関係が「正しい都市・建物」を生成するルール・システムの部品となる。

さて、このようにして部品が得られたら、次はこれを組み合わせなければならない。アレグザンダーは、

> パターン・ランゲージとは、パターンがいかにして組み合わされるかを示したシステムであり、デザイナーに対してある全体性を形成する助けとなるものである。図51のカスケード※7は、マルチ・サービスセンターのためのパターン・ランゲージを構成する六四個のパターンの初歩的な図である[25]。

と述べている。この組み合わせ方はどのようにして決められているのだろうか。

『パターンによって生成された住宅』[28]では、これらのパターンの結合プロセスについて以下のように説明している。

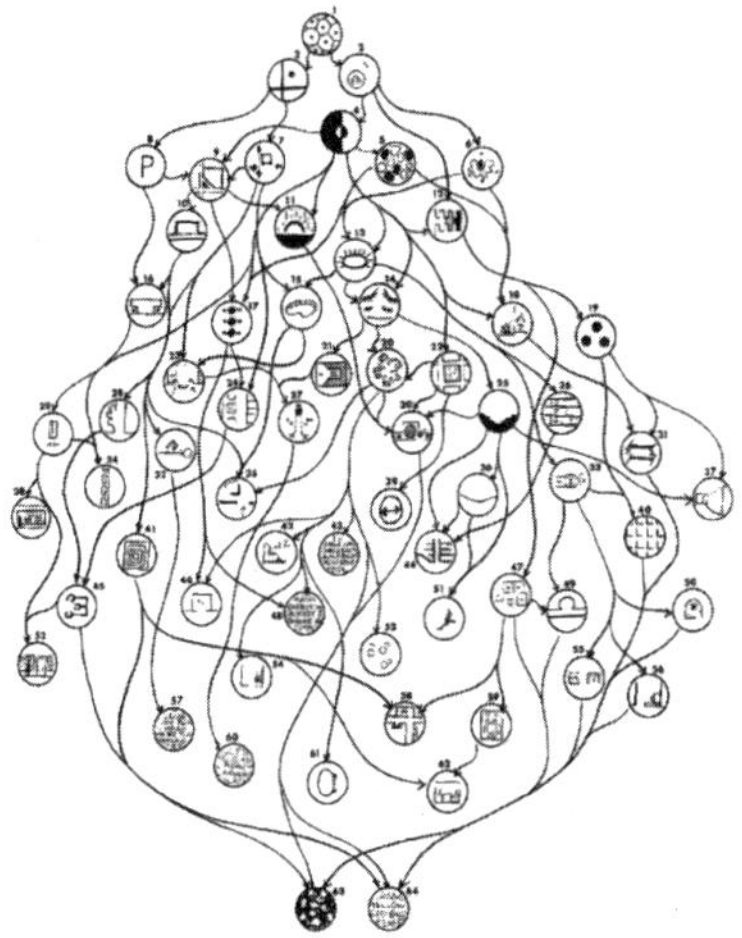

図51　六四個のパターンのカスケード*7

※7　滝のように階段状に連なっているもの

結合プロセスは木の葉が形成されるプロセスと似ている。すべての葉は、同じ形態形成のルール群によって定義されている。個々の葉はこれらのルールと局所的な条件の相互作用によって形成される。(中略)パターンの結合プロセスも同じである。

すべての住宅は、基準となる家の形式に基づいた同じルールの列によって形成される。

遺伝システムの場合、どのような順序で遺伝情報を適用するのかということは、その細胞の身体の中の位置や細胞分化の段階などによって決まることが知られている。パターン・ランゲージの結合プロセスも同様であり、基本的には全体から部分へという順序に従っている。受精卵という「全体」から始まり、細胞分化が進んでいくうちに、たとえば心臓となる細胞には心臓に関する遺伝情報が適用される。パターン・ランゲージではその適用対象の全体、すなわち都市であればその地域全体に関するルール(パターン)がまず適用され、次に近隣の地区、敷地、家、部屋、ドア、窓、ディテール、というように、都市という全体を構成する細々とした部分に関するパターンが適用されていく。

パターン・ランゲージをつくる過程では、『ノート』の場合と同様に、デザインする対象を全体から部分へと分解していくのであるが、パターンによって得られた形の組み合わせ方は、図51に示したように網の目のようなカスケード状になっている。そのため、パターン・ランゲージによって生成された環境の構造はツリー構造となることなく、自然発生した街と同様の構造、すなわちセミ・ラティス状の構造となるとアレグザンダーは考えた。

パターン・ランゲージを遺伝システムの一種と考えれば、これは都市の遺伝システムであり、このシステムは生物の場合と同様に、長い時間をかけて進化させることによって、より良いものにできるとアレグザンダーは考えた。

また、パターン・ランゲージを数学の形式システムの一種に見立てれば、パターン・ランゲージを適用する過程は、与えられたコンテクストに合致した形（幾何学的関係）を求める一種の証明プロセスとなる。数学の形式システムにおいては、証明とはあらかじめ定められたルールを適用することによって前もって与えられた証明すべき命題を導き出すプロセスである。そして証明を持つ命題は常に正しい命題、すなわち定理となる。

パターン・ランゲージでは、与えられたコンテクストに合致した形を局所的なルールを適用しながら生成していく。図51に戻ろう。これをアレグザンダーは「カスケード」と呼ぶが、このカスケードの上部にあるより全体的なルールから始まり、下部にある局所的なディテールに関するルールを適用して、形の生成は終わる。これは一種の証明システムであるから、生成された形は常に「正しい」、すなわちコンテクストに合致したものとなる。そのため、パターン・ランゲージ内部には生成された形が本当にコンテクストに合致したものかどうかを確かめる手段が存在しない。パターン・ランゲージが証明システムである限り、それは定義上必要ないからである。

そのことは数学の形式システムを考えればわかりやすい。形式システムの中のルールは、正しい文から正しい文を生成するようなルールであった。だから、正しい文から始めれば、証明プロセスがどんなに長いものであったとしても、生成される文は正しいものであることが保証される。同様に、パターン・ランゲージの個々のルールは、コンフリクトが発生する状況においてそのコンフリクトを解消する幾何学的関係が導かれるようなルールであるから、定義上、ルール適用の各段階においてコンフリクトが解消されている。だから、パターン・ランゲージが生成する形は常にコンフリクトが解消されたもの、すなわちコンテクストに合致したものであることが保証されるのである。アレグザンダーが数学の証明をモデルにしてパターン・ランゲージを作成したことは、以下の発言からもわかる。

ご存じのように、私は長い間数学を学びました。そこで学んだことは、もし何かを厳密に規定したいのであれば、誤っていないと確信が持てる唯一の方法は、規定したいものを構成するための明確に定義された誰でも実行できるstep by stepのプロセスを定めることです[29]。

この「規定したいものを構成するための」「step by stepのプロセス」は、数学における証明プロセスを指している。このことは『ノート』のエピローグでもすでに示唆されている。すでに一度引用したが、もう一度挙げておこう。

いうまでもなく数学の姿は抽象的であり、建築の姿は具体的で人間的なものである。しかし、その違いは本質的なものではない。それがどんな種類のものであれ、その外見の決定的な質はその構成の中にあるのであり、その構成に注目したとき、私たちはそれを形と呼ぶのである。数学的な形に対する感覚は、その形に対する証明プロセスの感覚からのみ発達する。建築的な形の感覚も、形のデザインプロセスについてそれと同程度習得していなければ、数学的な形への感覚と比較し得る地点には到達できないと私は信ずる。

パターン・ランゲージの失敗

一九七〇年代に『パターン・ランゲージ』[30]が出版されると、それは一部に熱狂的な支持者を生み出した。また、それまで主流であったシステマティックなデザイン方法論に不満を持っていたデザイナーたちの中にも、一五三個ものパターンが並べられ、それぞれのパターンにデザインの指針が具体的に書かれてあるのを見て、パターンを部分的、または全面的に使う者が多く現れた。その中には「二十世紀において環境デザインについて書かれた本のうち、最も重要なもの」[31]と評する者もいた。しかし、パターン・ランゲージを使ってこのようなすばらしい建築ができ上がったとして紹介される例を見ると、一九七〇年代のヒッピーがつくったような、木やレンガなどの自然素材を用いた一風変わった、アレグザンダーの言葉を用いれば「ファンキー」な建物が多かった。パターン・ランゲージを熱烈に支持していたサクラメントの建築家がパターン・ランゲージに従って建設したとされるモデスト・クリニックについても、アレグザンダー自身「そこには私の求めていた質のかけらもなかった」[1]としている。

アレグザンダー自身が携わったものとしては、『オレゴン大学の実験』[32]という本の中で紹介されているオレゴン大学のキャンパス計画がある。パターン・ランゲージは、これまで紹介した通り、私たちが日常的に使う言葉を使って、アレグザンダーの言葉では「何も人に強制することがないような仕方で」書かれているため、そのパターンが指定する幾何学的な関係には解釈の幅がある。そこにある曖昧な点を突かれ、アレグザンダーのキャンパス計画はその実施において骨抜きにされてしまった。オレゴン大学は、現在もパターン・ランゲージの原則に則りキャンパスの整備を続けているとしているが、実際のところ、パターン・ランゲージがめざした民主的な決定プロセスも、定められたパターンからの逸脱を監視する「診断」と呼ばれる仕組みも、その後まったく機能していない[33]。

ただ、これらの例がうまくいかなかったのは、アレグザンダーが直接携わっていないからだとか、プロジェクトを十分にコントロールできる権限も資金も与えられなかったからだ、と受け止める余地があった。しかし、そういった申し開きができない事例があり、アレグザンダー自身、パターン・ランゲージは実際にはうまくいかないと認めるしかなくなってしまった。それは、アメリカとの国境沿いにあるメキシコの都市メヒカリでのプロジェクト[28]である。ここで、アレグザンダーはメキシコ政府からプロジェクトを遂行するために必要な権限を与えられ、通常の場合よりもかなり少ないながらも、アレグザンダーが主張していたコミュニティをローコストで建設するのには十分な資金も与えられた。また、アレグザンダーを含めた環境構造センターのスタッフや学生十三人、さらに入居予定の五家族がデザインと建設に共同で携わった。つまり、アレグザンダーがパターン・ランゲージの有効性を検証する上で望み得る、ほぼ最良の条件が揃っていた。

そこでは「個々の人の個性が発揮され」ることと同時に、「社会の中で他の人々とつながりを持てる場所」が根本的な必要条件だとされた。すなわち、このプロジェクトでは、個が保たれた上でのコミュニティの創造がめざされたのである。しかし、そのプロジェクトに参加した二人の学生が七年後にメヒカリを再訪したときには、壁やフェンスにより「他の人々とつながりを持てる場所」は分断され、アレグザンダーが望んでいたコミュニティは消え去っていた[34]。また、建設される予定であった残りの二五家族の家は建設されなかった。再訪した二人によれば、七年後に、アレグザンダーたちの考えの多くが実現されなかったことがわかり、そして住民へのインタビューから、住民の優先事項はコミュニティの創造ではなく、安全とプライバシーの確保であったことが明らかとなった[34]。アレグザンダー自身も「メキシコのプロジェクトは概して実りの多いものと言えるでしょう。……でも、まだ私の考えているあるべき姿には達していないのです」[1]と述べている。

こうしたことが続く中、建築家や建築理論家などからもパターン・ランゲージへの批判が相次いだ。アレグザンダーと同時期にUCバークレイ校の建築学科の教授だったプロツェンは、パターン・ランゲージは経験的に実証された「問題を解決するすべての可能な方法に共通した性格を記すことに成功した」とアレグザンダーらは主張しているが、それは「疑わしい主張である」とし、それは「客観的な妥当性のないもの」であり、ある種の信仰に近いものだとしている[35]。さらに、デザイン方法論に関する著作で知られるブロードベントは、「実際には、状況によってあるパターンはうまくいき、他のパターンはうまくいかないのである。この並外れた試み全体に欠けているのは、どのパターンがある人にとってうまくいき、どのパターンがうまくいかないのかを決定する理論的な枠組みがなにもないことである」[36]としている。

このような批判を整理すると、結局のところ、パターン・ランゲージが抱えている問題は、それが生み出す建物の形（幾何学）の問題と、良い形を生成するパターンとそうでないものを判定するための共有可能かつ客観的な価値基準の問題、つまり形と価値の問題に集約される。

パターン・ランゲージにこれらの問題があるということは、アレグザンダーにとって、彼の今までの努力がすべて否定されたと言ってよいほどの衝撃であったであろう。アレグザンダーは「デザインの究極的な目標は形だ」としていたのであり、そして、そこでデザイナーがすることは、コンテクストと形との間に適合性をもたらすことであった。もし、パターン・ランゲージがコンテクストと適合する形を生み出すことができず、また、そもそもある形がコンテクストに適合しているかどうか、すなわち、そのコンテクストにおいて良いものかどうかの判定もできない代物だ、ということが明らかになったとしたら、彼は、自分が設定したデザインの枠組みに合致しないものにたどり着いていたことになってしまうからである。

アレグザンダーはどこで間違ったのであろうか？　デザインという問題の設定の仕方が間違っていたのか？それとも、ニーズを傾向（フォース）としてとらえたことが間違っていたのか？それを数学の証明のようにカスケード状に積み上げたのがいけなかったのか？　アレグザンダー自身もこのような問いについて考え、そして下した結論は、ほぼすべて間違っていた、というものであった。形を目標とすることも、形とコンテクストの適合によってデザイン上の価値判断をすることも、ニーズをフォースとしてとらえ、それに基づいて形を見出すことも、カスケード状にルールを積み上げることも。

それでは、最初から間違っていたとアレグザンダーは考えたのだろうか。おそらく、最初から間違っていたと考えたのであろう。それほど、パターン・ランゲージの失敗が彼に与えた衝撃は大きなものであった。もちろん、パターン・ランゲージのすべてを彼は否定しているわけではない。逆に彼は、パターンのいくつかは、今でも有効だと考えている。ここで彼が否定しているのは、その理論のつくり方、その態度そのものであり、それが根本的に間違っていたと考えたのである。

それでは、何が根本的に間違っていたのだろうか。「デザインという問題」を設定したとき、彼は自らを科学者だと考えていたと本書の冒頭のほうで書いた。この科学的態度そのものが誤りであったとアレグザンダーは考えたのである。しかも、彼が科学的態度を採用したことが誤りだというだけではなく、その科学的態度そのもの、私たちが持つ科学のあり方についての一般的な認識がそもそも間違っているのだというのである。

私たちは普通、形と価値はそもそも別のものだと考えている。形自体には良いも悪いもなく、そこにコンテクストが与えられ、そこにあるニーズ（フォース）に合致していることが確認されて初めてそれが良い形となると考える。

このことは形に限らない。たとえばモーツァルトの交響曲自体は良くも悪くもなく、それを演奏する人や聴く人の状態に依存すると普通考える。ましてや、それが科学的に言って良い音楽だなんて言えるとは思ってもみない。でも、本当にそうだろうか？　形や音の構造とその価値とは科学的に無関係だと、なぜ私たちは考えるのだろうか？　それは私たちが機械論的自然観に基づいて世界を見ているからだとアレグザンダーは考えた。

形と価値は二つの別々のものではなく一体であるような世界観を構築して、パターン・ランゲージを失敗へと導いたこの機械論的自然観を打ち破ること、それがアレグザンダーのデザイン理論が最後に行き着いた先、『秩序の本質』において彼がめざしたことであった。

Ⅶ

調和をめざして

『秩序の本質』

まず図52を見て、この二つ（塩入れとケチャップボトル）のうち、自己の真の姿を映すものとしてどちらを選ぶか考えてみてほしい。誰か自分を信頼してくれて、その人となら自分の感情を共有してもいいと思う人に向けて、自己の真の姿、自分がなりたいと思っている姿に似ているのはどちらだと伝えたいか。

図52　二つのオブジェクト*7

この奇妙な問い（「自己を映す鏡テスト」と呼ばれる）が、四分冊合わせて二千ページを超える大作『秩序の本質』[21、37、38、39]（邦題：『ザ・ネイチャー・オブ・オーダー』[40]）の核となっている。この問いが、これまで別々なものだと考えられてきた形と価値を一つに結びつける鍵となるからである。

形と価値

ある形や空間を見て、これは良い、これは良くないとわれわれは直観的に判断する。そして、その形の良し悪しは、その形に本来備わっている性質ではなく、私たちがその形を見て判断しているのだと考える。その一方で、ある形の大きさや空間の広さといったものは、私たちの判断とは関係なく、その形や空間そのものに備わった性質だと考える。だから、たとえば有名な建築家がデザインした建物の形を見たとき、その大きさや広さは誰に対しても同じであるのに対して、それが良い形かどうかの判断は結局のところ人それぞれであり、そこに客観的な基準があるとは思わない。

その結果どういうことが起きるだろうか？　それは、デザインの成果を評価する場面を想像すればよくわかる。建築やデザインの学校では、授業の中で生徒たちの作品を囲んで講評会をすることがよくある。ここで、たとえば生徒がデザインした住宅の図面の中に円形の寝室を見つけたとしよう。このとき、その寝室が円形であることそのものについて良い悪いということはあまり議論されない。それよりも「なぜ円という形を用いたのですか？」という問いへの答えによって、もしくは、円という形を使った生徒の意図や、その形に込められた意味を図面や模型から読み取って、そのデザインを評価する場合が多い。

そして、その「意味」は、時代的背景や歴史、社会状況などに対してその形が持つ意義などである場合もあるが、それよりも先にまず問題とされるのは、その形が担う機能、すなわち、その形が寝室という場において求められている働きにふさわしいものであるかどうかであろう。普通(あまり広くない)円形の寝室を見たらベッドはどこに置くのだろうか？　家具を置いたときにデッドスペースができないだろうか？　などと考えてしまう。それは、寝室で生じる「フォース」を直観的に想定し、それと部屋の形(円形)が合致しないのではないかと感じるからである。

同様に、あのコンピュータのマウスはなぜあの形をしているのか、あの掃除機はどうしてあの形なのかという問いを発した時点ですでに、「それは握りやすくボタンを押しやすいから」であるとか、「ゴミをよく吸い込み、吸い込んだゴミを捨てやすいから」といった答えを私たちは期待しているのではないだろうか。それは、「形は機能に従う」という考えが私たちの身に深く染みついていて、なぜこの形なのですか？　という質問に対して、その形の持つ機能を答えることが当然だと考えており、しかも、その答えが妥当なものであれば、その質問者が最も納得しやすいものだと感じているからだ。

このように、形はそれ自体に備わっている性質によって価値が定まるのではなく、それになんらかの意味が付与され、それが妥当なものであるかどうかによってその良し悪しが評価される。しかし、その機能を問えないようなものも世の中にはある。たとえば絨毯の柄だとか、音楽、絵画などである。絨毯の柄がなんであろうと、人はその上を歩けるし、テーブルを置くこともできる。もちろん、黒色の絨毯と白色の絨毯では敷ける場所が異なるだろうが、たとえば十五世紀頃のペルシャ絨毯と十八世紀頃のインド絨毯とを比較したとき、その模様の形や質感以外、何も変わらないだろう。また、モーツァルトの交響曲とベートーベンの交響曲のどちらが機能上優れているか、などと問えるだろうか。

なぜ、形や構造自体の価値は問われないのだろうか。それは私たちの世界観、宇宙観が形と価値とを別々のものとしてとらえるようにできているからだ、とアレグザンダーは考えた。

自然の二元分裂

われわれはどのような世界観を持っているだろうか。なぜ、形と価値は別の事柄だと考えるのだろうか。それは、人が自然を見るときの態度を振り返ってみればわかる。夕日の「赤さ」を見て、その「赤さ」というのは波長がだいたい七〇〇ナノメートルくらいの光が目の網膜に届き、そこから送られる情報を脳が処理して「赤」と感じることだと考える。このとき波長が七〇〇ナノメートルだというのは客観的な事実であるが、夕日の「赤さ」というものは主観的で私的なものだから、人それぞれが違ったように感じていると考える。あなたの「赤さ」と私の「赤さ」は違っており、私の「赤さ」のほうが正しい、なんていう主張は普通許されない。このことは香りや音などについても同様である。

すると、自然には二種類の性質があることになる。一つは大きさや長さ、重さなどの客観的な事実につながるような認識を生み出す性質であり、もう一つは「赤さ」や「暖かさ」など人の感覚から生じる性質である。これらを十七世紀末のロックという哲学者は、それぞれ「第一次性質」と「第二次性質」と呼んだ。実際、波長は客観的なものだけれども「赤さ」は主観的なものだと多くの人は考えるだろう。しかし、このように自然についての性質を二つに分けて考えること[※8]が、自然を一種の機械のようなものとしてとらえる機械論的自然観に私たちを導くことになる。自然は

※8　ホワイトヘッドという哲学者は、このことを「自然の二元分裂」と呼んだ。

客観的である第一次性質のみによって構成される体系であり、「これらの関係の秩序正しさが自然の秩序を構成」（ホワイトヘッド）し、その秩序に従って機械的に動作していくものと考えるようになるからだ。その結果「赤さ」や「暖かさ」はその体系から締め出され、自然は無味乾燥なもので「音もなく、香りもなく、色もない」（ホワイトヘッド）ものとなる。自然とは本来そういうものであり、それを眺める人間が、それに第二次性質を後から付け加え、それを美しいとか好ましいなどと主観的に価値づけしていると考える。だから、「価値基準というものは個人的なもの」であり、「論争と妥協によってのみ調整可能なもの」とされるのである[41]。一方、形のほうは第一次性質によって構成されているから、誰とでも共有できる客観的なものとなる。こうして、価値と形はそれぞれ主観的なものと客観的なものというまったく異なるカテゴリーに属するものとして、完全に分離されてしまうのである。

パターン・ランゲージの失敗の原因

パターン・ランゲージは、前章で説明した通り、本質的には対象（環境）と、そこに働く力（フォース）から幾何学的関係を導く体系であった。自らを科学者だと考えていたアレグザンダーは機械論的自然観のもとでパターン・ランゲージを作成したため、この体系を科学と同様に客観的に扱える第一次性質を用いて記述しようと努めた。それは、もののある場における客観的な振る舞いに従って形を導き出す機能主義的なルール（パターン）に基づく理論であり、その意味でパターン・ランゲージは「形は機能に従う」という言葉で象徴される機能主義の理論であった。このとき、パターン・ランゲージでは、ニュートン力学と同様に、対象と力が幾何学的関係に対して論理的に先行する。つまり、力(フォース)をあらかじめ求めてから、その力が求める形を導き出す。しかし、われわれが扱っている環境は機械のように第一次性質によってのみ構成されているわけではないから、第一次性質によって定まる力に基づく機能から、アレグザンダーが求める深い質を持ったような価値の高い形が生成される保証はない。だから、パターン・ランゲージは価値をその体系の中で扱うことができず、パターン・ランゲージを用いて「得られた幾何学は不十分であり深みに欠け、簡潔さも十分ではなかった」[42]と、アレグザンダー自身認めなければならなくなったのである。

中心的な価値基準への接触

こうした機械論的自然観は、元をたどればデカルトに行き着くとアレグザンダーは考えている。自らが『形の合成に関するノート』で採用した「システマティックな世界理解」をもたらした人物の一人である。つまり『形の合成に関するノート』と『パターン・ランゲージ』の背後にある科学的世界観をもたらした中心人物(デカルト)と対決しなければ、パターン・ランゲージの失敗を乗り越えることはできないとアレグザンダーは考えたのである。

それではどうやって? それは、価値を与える色や香りや暖かさなどの第二次性質にも、重さや大きさなどの第一次性質と同様の客観性を与えればよいのである。形はすでに客観的なものとして位置づけられている。それに加えて、その形が人の感覚にもたらすものすべてに客観性を認めれば、その感覚が構成する価値も客観的なものだとする足掛かりが得られる。

しかし、そのような感覚に客観性を認めたとしても、それを解釈する人の内面にある価値基準が違っていたら、やはりその価値は人それぞれ異なってしまうだろう。そこで、アレグザンダーはさらに一歩先に進んでいく。それはプロッツェンへの反論の中に現れる以下の言葉を読めば、その方向がどちらなのか明らかとなる。

諸価値基準の相違は、ある一つの中心的な価値基準に訴えれば解消できると私は信じている。まったくのところ、この中心的な価値基準はすべての背後にある。それをわれわれは一者(the One)や無(the void)や偉大なる自己(the great Self)と呼んでもよいだろう。すべての人はこの価値基準と結びついており、自分自身の意識を目覚めさせることによって、程度の差はあっても、この価値基準と接触できる。この単一の価値基準との接触は、われわれの行為に究極の基盤を与え、創造者、芸術家、建築家としての行為に究極の基盤を与えると私は信ずる[43]。

これはもうすでに、神秘的な何かにコミットしている人の書く文章である。「一者」や「偉大なる自己」などと書かれているが、要するに「神」である。アレグザンダー自身『ザ・ネイチャー・オブ・オーダー』の第四巻「輝ける大地」は宗教的な著作だと認めている。形と価値が一つとなる体系を求めていたアレグザンダーは、ついに神の領域にまで達したのである。そして、この中心的な価値基準に触れる方法が、本章の冒頭に示した「自己を映す鏡テスト」なのである。

それでは、「どちらが自己に似ているか」と問うことが、なぜ中心的な価値基準に触れることにつながるのであろうか。このことを考える前に、アレグザンダーによる『リンツカフェ』[44]の中にある以下の文章を挙げておこう。

過去の時代のすべての建物は、その建物を心地よいものとするこのような単純な常識やこれらの機能的なパターンから恩恵を受けていたのであるが、それでも、それらは、本質的には他のなにかを意図していた。もっとずっと深いなにかを。

アルプスの干し草を覆うシンプルな雪の帽子を見たとき、フィレンツェの洗礼堂のような偉大な、驚くべき作品を見たとき、その中になにか共通した…、人の魂の像のようなものがある。

こういったことを言うのは簡単で…、しかしそれを明確にするのは本当に難しい。しかし、間違いなく、ある明確な意味で私たちを感動させ偉大な感情を呼び起こす芸術作品は、意図的に、そして時間と手間をかけて神への贈り物として、そして、それは宇宙の、もしくは宇宙の背後にあるなにかの像として…、人の魂の像として創造されたのである。もちろん、こうした行いは、信仰の時代では簡単なことであった。その時代では、人の魂、神、物質宇宙は今よりもずっと同じものであり、明確に関係していたから、それが一つの像であり、と同時にすべての像であるような像を形づくることは想像可能なことであり、明白なことでもあったのである[44]。

つまり、偉大な芸術作品は神への贈り物として創造され、その贈り物は宇宙の背後にある人の魂の像として創造された。そして、人の魂と神と宇宙は共通した一つの像であったのであるから、私たちの魂(自己)に似ているということは、神や宇宙の像に似ていることを意味するのである。そして、その像が中心的な価値基準そのものなのだから、「どちらが自己に似ているか」と問うことが、その中心的な価値基準に触れることにつながるのである。端的に言えば、私たちの自己に似ている形や空間構造は神や宇宙の構造を反映したものであり、その限りにおいて価値の高いものと判断されるのである。

そして、アレグザンダーによれば人の魂はみな似ているとされる。

私たちは、最初からすべての事柄は人の感情の本性に基づいていると仮定していた。そして――ここからが独特なところであるが――人の感情の大部分は同じである、人と人との間でも、個々の人においても、ほとんどの部分は同じなのだと仮定していた。もちろん、みなが異なっているような部分も感情にはある。私たちそれぞれは特異でユニークな個性を持っている。(中略)しかし、このような固有な部分というのは、実際私たちが抱く感情のたった十パーセントほどでしかないのである。私たちの感情の九十パーセントはみな同じで、みな同じことを感じている。だから、パターン・ランゲージを作った当初から、この事実に焦点を合わせ、人の経験や感情のうち、みな同じである部分に意識を集中させてきたのである[21]。

こうして、人の感覚にもたらされたものすべてに客観性を認め、さらに、そのもたらされたものを解釈する中心的な価値基準への接触の仕方を示すことで、形と価値は二つの別々のものではなく、人々が共有する自己の像を介した一体のものとなる道が開けるのである。

生きた構造

アレグザンダーの言う、私たちの自己に似ている形や構造をひとことで表すとすれば、「生きた構造」、もしくは「生き生きとした構造」である。世界には生き生きとした構造と生き生きとしていない構造があり、その間にさまざまな段階がある。たとえば、図53は生き生きとした構造をしており、図54は生き生きとした構造をしていないとされる。この二つの図に限れば、アレグザンダーが言わんとしたことはなんの説明もなしに想像できるのではないだろうか?

人はみなこのような区別ができる。そして、この二つの図のように明らかな違いがなくとも、人はみな「自己を映す鏡テスト」を使えば、どちらがより生き生きとした構造をしているか判定することができ、それを頼りに私たちの環境を構成できるとアレグザンダーは考えたのである。それは人の自己というものは生命の核心であり、なにかがそれと似た構造を持っているということは、す

図53　波打ち際[*7]

図54　ビルの窓[*7]

なわちそれが生き生きとした構造を持っていることの証だからである。現代ではみな自らの自己を介して生き生きとした構造がどんなものかを知っているにもかかわらず、さまざまな理由（主に政治・経済的理由）により、そういった構造をつくり出せないでいる。アレグザンダーは『ザ・ネイチャー・オブ・オーダー』という分厚い本で、生き生きとした構造を持つ環境を取り戻すための術を「自己を映す鏡テスト」という方法を頼りに説明しようとしているのである。

秩序

人がデザインをしているときはいつも、そこに何らかの秩序をもたらそうとしている。何かのデザインの仕方について説明している本を広げてみれば、そこにプロポーションや用いるフォントについての法則、簡単に壊れないようにするための構造など、ほとんどすべてが何らかの秩序についての説明で満たされていることに気づくに違いない（その秩序のことを、『パターン・ランゲージ』では「幾何学的関係」と呼んでいた)。アレグザンダーがデザインという問題を規定するときに「デザインの究極的な目標は形だ」と言ったが、なんらかの秩序を見出せないとき、人はそこに「形」も見ないだろう。だから、デザインとはなんらかの秩序をつくり出すことだと言い換えてもいい。

また、人は至るところに秩序を見出す。空に浮かぶ雲や草原、木の葉や川の流れ、家や街並みを見れば、それは無秩序なものではなく、なんらかの秩序がそこにあるように感じる。しかし、その秩序とは何かと問われると、途端によくわからなくなってしまう。

人は美しく調和した秩序を見つけると、その背後にその秩序をもたらしているルールがあるのではないかと考える。たとえば、第VI章で示した風紋には美しく調和した秩序が見られるが、それは、その背後に物理学的に記述可能なフォースというルールが働いており、それが風紋という秩序をもたらしていると考える。またもっと簡単な例では、図55のパターンの中には明らかな秩序を見て取ることができるが、それは同じ大きさの白と黒の正方形を、その一辺を重ねるようにして左から右へと白黒交互に並べるというルールによってつくられており、その秩序の一つがこのパターンの中心軸において左右対称となっていることからもたらされているとすぐに思いつく。

このように考えると、秩序というものはルールやパターンによって生成された規則的な構造と言えるかもしれない。しかし、たとえば図54にあるようなビルの窓の列も簡単なルール

図55　シンプルな秩序

で記述できるが、それは生き生きとした構造ではなかった。それよりも、図53の波打ち際のような、その秩序を生成したルールがすぐにはわからないものの中に生き生きとした構造を感じる場合がある。つまり、そこにその秩序を生成するルールがあるということだけでは、生き生きとした調和のある構造がそこにあるとは言えないのである。

デザインの世界では、製品や建築の中に調和した秩序ある構造を見出したとき、その背後には機能的な要求があると考えることが多い。求められている機能を誠実に満たしていけば、そこに調和した秩序が立ち現れると考えるのである。アレグザンダーは、この考えに従ってパターン・ランゲージをつくり上げた。パターン・ランゲージの中にあるそれぞれのパターンは、なんらかの機能的な要求に基づいていた。しかし、パターン・ランゲージのような機能に基づくルールの体系からだけでは、調和のある生き生きとした構造を生み出せないことをアレグザンダーは経験から学んだ。

また、要求されている機能のリストをいくら詳細なものにしていっても、『形の合成に関するノート』のところで示した通り、それだけでは求める形にまでは至らない。モーツァルトの交響曲には明確で深い生き生きとした秩序があるが、そこにはデザインにおける意味での機能的なルールがあるようには思えない。イスラム建築のタイルのパターンなどにも非常に深い秩序が感じられるが、その秩序が機能に基づいているとも思えない。つまり、機能やルールに従うだけでは生き生きとした深い秩序は得られないのである。だから、このような秩序というものは機能やルールよりも深いところにあるなんらかの基盤から導かれるものであり、その基盤から機能も導かれるのではないかとアレグザンダーは考えた。その基盤とは、彼が「全体性」と呼ぶものである。

全体性

全体性とは何か。まず、『ザ・ネイチャー・オブ・オーダー』の中から、アレグザンダーによる説明を紹介しよう。

直観的に言って、建物の美しさやその生命、生活を支える力は、すべてその建物が全体として機能していることによってもたらされると考えるだろう。建物を全体として考えるということは、広がりを持つ分割されない連続体の一部としてその建物をとらえるということである。それは、それ自体孤立した断片ではなく、庭や壁、木、その敷地の外にある街路や周辺の建物も含んだ世界の一部なのである。そして、全体としての建物は、その中にも多くの全体——それら相互の間も分割されない連続体——が含まれている。結局のところ、その全体とは切れ目のない連続体のことである。

この全体性について、アレグザンダーが示した例を示そう（図56）。左には、まったく何も描かれていない紙がある。この紙自体も一つの全体を成している。そこに、一つの点を描いてみる。すると、この紙の全体性は劇的に変わる。この一点を加えることによって、この紙に関する私たちの経験はまったく変わってしまう。

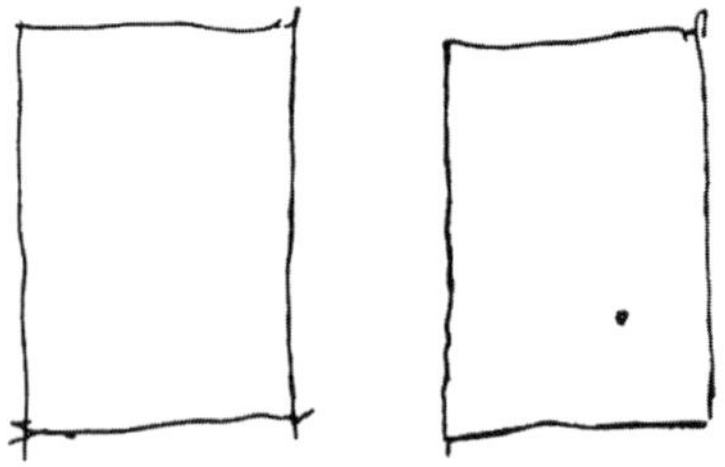

図56　白紙と黒い点のある紙[*7]

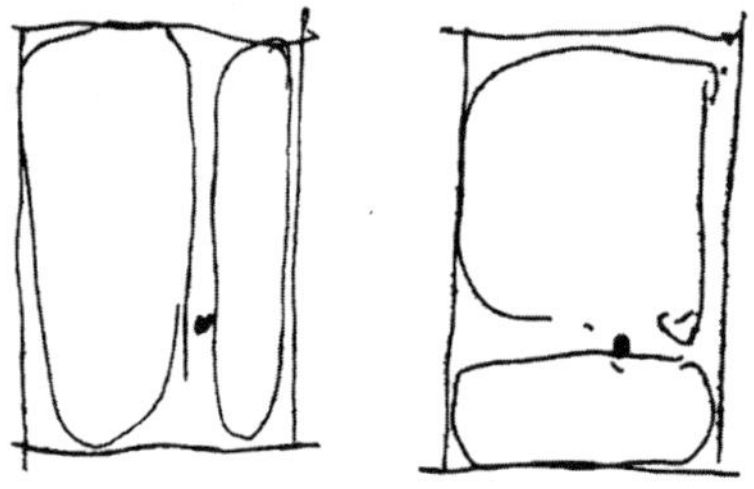

図57　上下・左右の領域[*7]

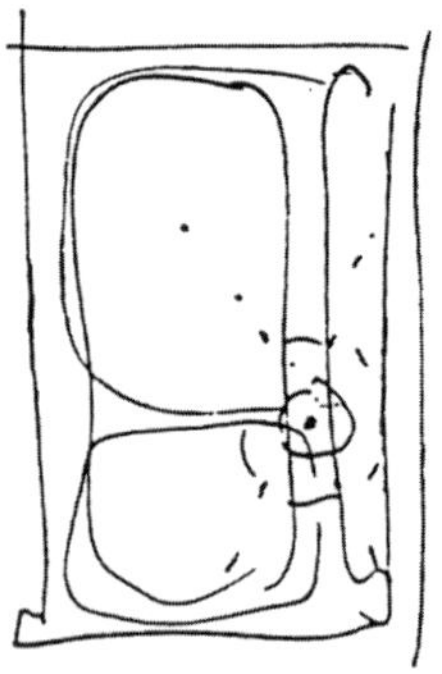

図58　四つの領域[*7]

このとき、この紙と私たちの間に何が起こったのだろうか。まず、点の近くに輪のような領域が生じる。それは、もう一つの点をこの紙に描こうとするとき、その輪の中に描くことと外に描くことに何らかの差を感じるような領域である。次に、その点を挟んだ上下、または左右二つの領域（図57）、もしくはそれらを合わせた四つの領域が現れる。

こうして、その点のまわりには図58のように重なり合う領域が生じる。

アレグザンダーは言う。

私が定義する全体性についての基本的な考え方は、このような力強い領域や実体が共に一緒になって、点の描かれた紙に全体性として認識されるような構造を定めるということである。このような構造のことを、私は全体性と呼ぶのである[21]。

さて、右に示した白紙と点が描いてある紙の二枚を並べて、「私の自己に似ているのはどちらか」と自分に問うてみよう。おそらく、ほとんどの人が点のあるほう、すなわち、その点の周囲に現れる多くの領域が重なっているほうを選んだのではないだろうか。ここで「サブ・シンメトリー」での実験を思い出すとわかりやすい。サブ・シンメトリーの実験結果では、サブ・シンメトリー、すなわち局所的に対称な部分を多く含むパターンが「シンプル」、つまり人が認識しやすいものであることが示されていた。この実験と全体性との関係について、アレグザンダーは以下のように述べていた。長い引用であるが、前半部分をもう一度示しておこう。

私自身が全体性の理論を見出そうとする中で、これらの実験は大きな役割を果たした。なぜなら、世の中にある全体性はなんらかの仕方において重なり合っている全体のつくり上げる構造ではないかという私の予想を、強力に裏づけるものであったからである。サブ・シンメトリーが個別のものではなく、重なり合っていることに注目して下さい。知覚された実体のこのような重なり合い——ここではそれらの局所的なシンメトリーとして定義されたもの——が被験者に知覚され、感じられたような顕著な全体性を形づくったのである。

そして、この全体性こそが私たちの自己に似ている空間構造の特質であり、したがって神や宇宙の構造を反映したものだから、全体性という幾何学的な秩序を持つものはわれわれにとって認識しやすく好ましいもの、すなわち価値の高いものとされるのである。

図59　木立の中に咲くブルーベル[*7]

センター

白い紙に点を描く例でも、サブ・シンメトリーでも、全体性はある部分的な領域が重なり合ったり入れ子状になったりして構成されていた。アレグザンダーは、全体性(wholeness)を構成するこの部分的な領域のことを「全体whole」と呼んだ。そして、それが全体性を構成する局所的な全体であることを示すために、さらに「センターcenter」という術語を編み出した。

さて、アレグザンダーのいう全体性はセンターによって構成されていることはわかった。それでは、そのセンターは何からできているのだろうか。それはまたセンターからできているのである。全体性は重なり合う入れ子状になっているセンターによって構成されており、そのセンター自身もまた重なり合い入れ子状となっているセンターによって構成されているとアレグザンダーは考える※9。

さて、これまでの説明でも、「センター」とはどういうものなのか漠然としていて具体的にイメージできないのではないだろうか。そこで、アレグザンダーが示した比較的わかりやすい例を二つ示そう。一つ目は、野に咲く花（図59）である。アレグザンダーは、これが自然の中で最も美しい例ではないかと書いている。この森の中に、青いブルーベルが群生している。それらはある領域にかたまって生えており、さらにその領域の中にも花がまとまって咲いているところもあれば、そうでもないところもある。そこにはある種の規則性があるようでもあるが、それは厳密なものではない。また、個々の花を見れば、それらはすべてほとんど同じような形をしており、さらに、そのうちの一つの花を観察してみると、その形はある種の秩序によって定められたように見える複数の領域によって構成されている。

つまりこのブルーベルの群生地が一つの全体であり、その全体は群生の中のかたまり（センター）によって構成されており、そして、その中の花も一つのセンターであり、花弁も雄しべも雌し

※9　センターはセンターによって構成されているというように、入れ子状にものの構成を定義する仕方を再帰的定義という場合がある。この再帰性はセンターの重要な性質であるとされる。

べも、さらには一つ一つの花粉さえも、それぞれある秩序を備えたセンターなのである。こうした複雑に重なったセンターの体系が、このブルーベルの美しい群生地を構成している。

次に、人がつくり出す全体性の例を示そう。子どもの誕生会の例である。テーブルの中心に丸いケーキが置いてあり、丸いケーキはイチゴや生クリームで飾りつけられ、その上にロウソクが立てられる。そして、このケーキを取り囲むように丸い皿が並べられ、その脇に少しフォーマルな場合ではナイフとフォークが並べられる。さらに、この日が特別なものであることを強調するために、テーブルの真ん中あたりに花を飾る。テーブルのまわりには椅子が整然と置かれ、招かれた客を待っている。

このようにセッティングされた空間を見たとき、そこに何か特別な質というものを私たちは感じるだろう。それは、ケーキ、皿、ナイフ・フォーク、花、椅子といったセンターがつくり出す幾何学的な秩序によってテーブルの周囲に構成される全体性からもたらされている。

これらは、パターン・ランゲージのようなルールの体系によってつくり出されたものではなく、またすべてが機能的な要求によって定められたものでもない。この特別な質をもたらしているのは、ある種の幾何学的な秩序であり、全体性なのである。そして、この花の群生や誕生パーティーのテーブルセッティングは生き生きとした構造を確かに持っており、人の気持ちを満たし、落ち着かせるようなところがある。

機能と装飾

第Ⅲ章の中で、機能主義やモダニズムのデザインでは装飾が否定される傾向があると述べた。いわゆる「機能と装飾」の問題である。このようなモダニズムの建築運動では、「装飾は罪悪である」とまで言われた。私たちは、機能を機械論的な概念としてとらえる一方で、装飾を表層的なスタイル上の問題だととらえてきた。しかし、機能に関する要求だけをいくらたくさん並べたとしても、形を決定するには常に何かが足りない。

そこで、アレグザンダーは、美と機能、機能と装飾の問題を「センター」というただ一つの基盤の上で考えようとする。

機能は全体性と同様、センターに基づいている。機能は、単に全体性の動的側面にすぎないのである。(中略)なにものかが世の中で生き、行動し、交流するとき、その都度異なるセンターが現われ、また消える。あるものは移動していき、あるものは一過性のものである。この移動する一過性のセンターが絶え間なく変化することや、現れたり消えたりすることを私たちは生命と呼ぶのである[21]。

たとえば、高速道路において車はセンターであり、道路網などの交通システムもセンターである。料金所もセンターだし、休憩所もセンターである。「これらが調和し、相互に順応しているとき、そのシステムは機能的であるという」のである。すなわち、「生命という考えを最も基本的なものとし、建物の生命に関するすべてのことが形（幾何学的構造）と機能（その振る舞い）を包含すると見なすのである」。

装飾についても同様である。装飾はもちろん幾何学的構造そのものであり、そして、そのバランスや調和によってその建物は生き生きしたものになり得る。つまり、その建物が生き生きとしているかどうかによって（すなわち人の自己の構造に似ているかどうかによって）、その建築が機能的であるかどうかをわれわれは判断し、まったく同じ基準により、その建築の装飾が美しいかどうかも判断するのである。

こうして、装飾と機能の問題は、生命、すなわち生きた構造、つまりは、調和するセンターの体系という、より深いところにある基盤において、同じ現象の二つの側面——幾何学的構造とその振る舞い——として理解されるのである。

幾何学的特徴

それでは、その生きた構造は具体的にはどういうものだろうか？

アレグザンダーは一九七〇年代に、「自己を映す鏡テスト」を使って生きた構造を持つものとそうでないものを区別する方法を編み出した。そして、それからおよそ二十年間、数千もの自然物や建物などを観察して「どちらが自己に似ているのか？」「どちらがより生命を持っているのか？」と問うていった[21]。そうしていく中で、アレグザンダーは生き生きとしているものには特定可能ないくつかの幾何学的特徴があることに気がついた。
それは、全部で十五個になった。具体的には、

1 スケールの段階性
2 力強いセンター
3 境界
4 相互反復
5 正の空間
6 良い形
7 局所的シンメトリー
8 深い相互結合と両義性
9 対比
10 段階的変容
11 荒っぽさ
12 共鳴
13 空
14 簡潔さと静謐さ
15 不可分であること

である[21]。この十五個の特徴のすべては説明できないので、アレグザンダーが最も重視している「局所的シンメトリー」について説明しよう。なぜなら、すでに示した通り『サブ・シンメトリー』における局所的シンメトリーの発見が、この十五の幾何学的特徴を見出すきっかけとなったからであり、かつ、「建物の生命に関することはすべて、最終的にはシンメトリーによって説明できることが明らかになる」[21]とアレグザンダー自身が言っているからである。

「サブ・シンメトリー」のところで、局所的シンメトリーについては説明した。生きた構造における局所的シンメトリーとは、入れ子状になったり重なり合ったりしている多くのセンターが局所的に対称となっていることであった。だから、全体としてシンメトリーかどうかは問題ではない。たとえば、球形のガスタンクはほぼ完全な全体的対

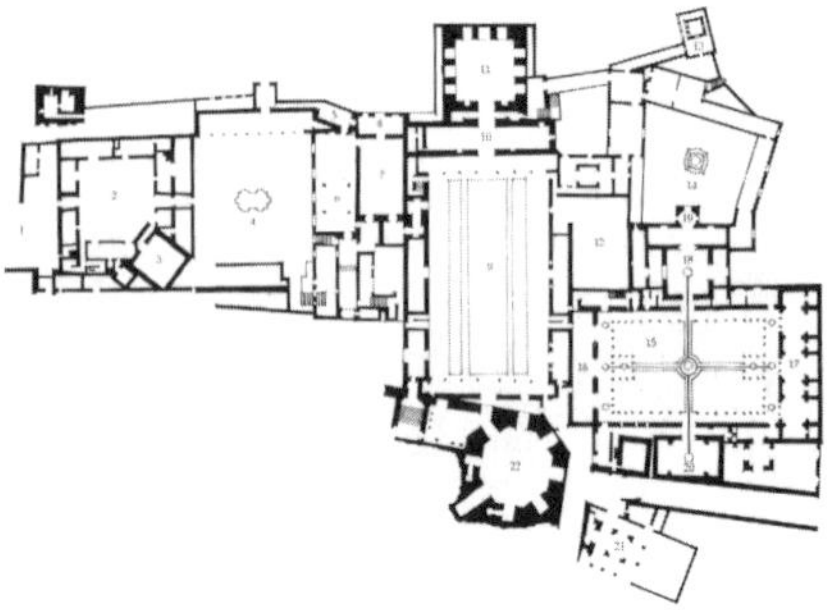

図60　アルハンブラ宮殿の平面図*7

図61　非対称な着物の柄*7

称性を持っているが、とても生き生きとしているとは言えない。

局所的シンメトリーの例としてアレグザンダーがよく持ち出すものは、スペインのアルハンブラ宮殿の平面図（図60）である。アルハンブラ宮殿はアレグザンダーが最も美しい建築物だと讃えるもので、その平面図を見れば、全体としてはシンメトリーではないが、その部分に目を向ければほぼ必ず対称的な領域に行き着くことがわかる。このことは、一見すると対称性を避けているように感じられる日本の建築や絵画、着物の柄（図61）についても言える。全体としてはシンメトリーではなくても、局所的シンメトリーが組み合わされたものを全体として眺めたとき、われわれはなにかそこに特別な質を感じるのである。先に挙げた花の群生地や誕生パーティーのテーブルセッティングも局所的シンメトリーにあふれている。

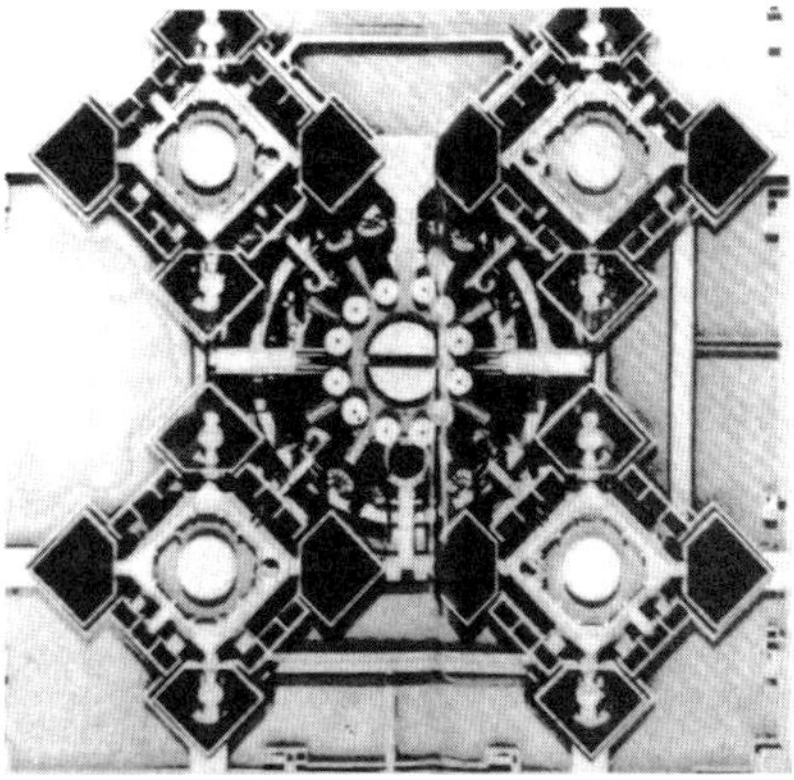
図62　ルネッサンス・センター*7

もちろん局所的シンメトリーが多く含まれているだけではそれが生きた構造であるとは言えない。それはツリー構造をした人工都市を見ればわかる。それらの都市のツリーの枝が多ければ多いほど、その中に局所的シンメトリーが多くあるはずである。局所的シンメトリーを多く持つ二つの例、アルハンブラ宮殿とルネッサンス・センター（図62）を「生きている」という観点からどう区別したらいいのだろうか？　まず、第一にどちらが「自分に似ているか」を問うことである。おそらく、アルハンブラ宮殿を選ぶのではないだろうか[※10]。次に、どちらの構造が「生きているか」を他の十四の特徴から見分けることもできる。たとえば、ルネッサンス・センターは非常に正確な対称性を持っているため、「11 荒っぽさ」を備えていない。さらに、「15 不可分であること」、すなわち、部分と全体、部分と部分の間の結びつきが不可分であることの条件を満たしていない。なぜなら、アルハンブラ宮殿は部分間の結びつきが強く、切り離し難いのに対し、ルネッサンス・センターのほうは部品を交換するように切り離せる印象を与えるからである。さらに、この二つを分ける決定的なものがある。それは、その幾何学的構造のつくられ方である。

構造保存変換

アルハンブラ宮殿は、異なるイスラム政権により増改築が繰り返されて建設された。ただ、その都度、古い部分の構造は保存し、新たに付け加える部分についても、既存の部分と調和するように配慮された。つまり、その時々の状況に適合しながら、古い部分を保存して成長していったのである。その結果、あの美しい宮殿のプランに表れている局所的シンメトリーも保存されることとなったのである。

一方、ルネッサンス・センターは、人工都市と同様に、建築家によるマスタープランをもとに一気に計画され、そして一気に建設されており、その時々の状況に適合しながら成長してきたわけではない。

アルハンブラ宮殿のように、既存の生きた構造を保存しつつ新たな構造を、その既存部分を強化

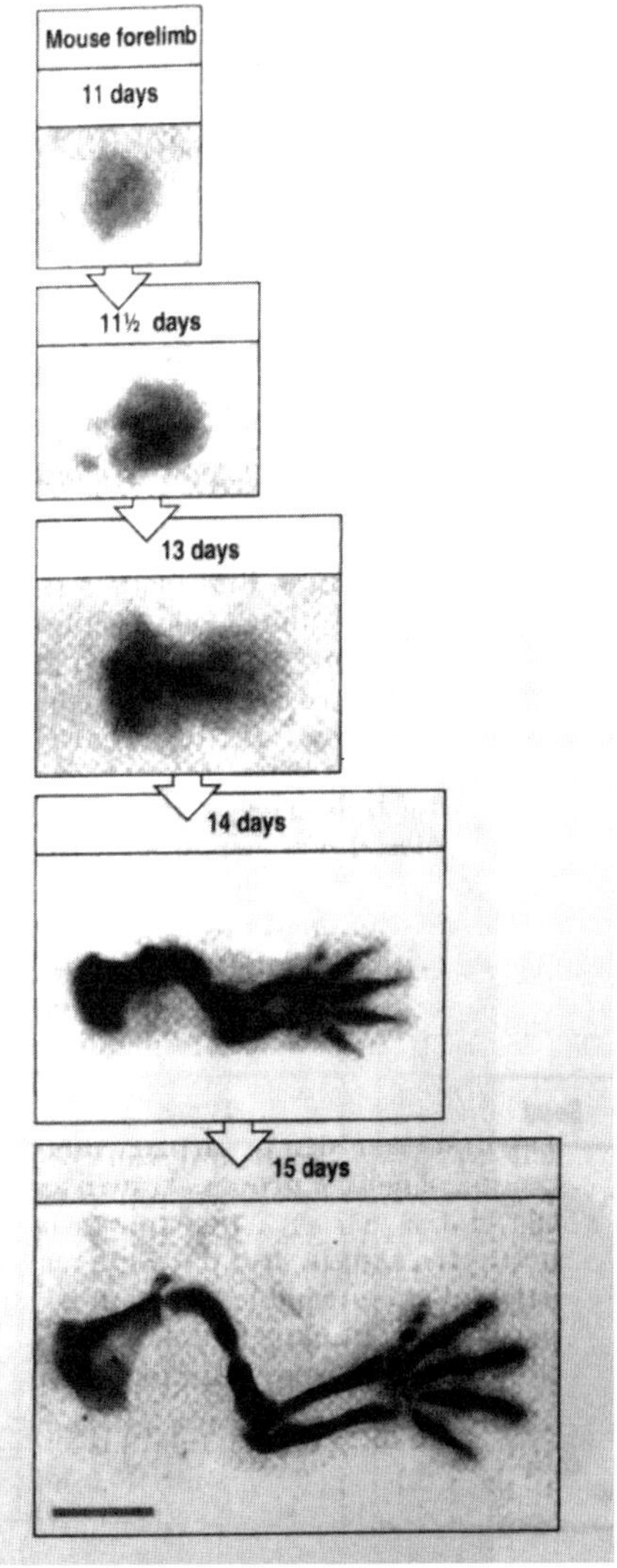

図63　マウスの前肢の成長過程[*7]

※10　これまでの「自己を映す鏡テスト」で常に、アレグザンダーが示唆したものとは反対のほうを選んだ人がいるだろう。アレグザンダーも、一割から二割そういう人がいることを認めている。もし、あなたがそういう人の一人だったとしても、それでも読み進めてほしい。アレグザンダーは、実はそういうに人こそ、この全体性という考えを理解してほしいと願っているのだから。ちなみに、本章の最初に挙げた例(塩入れとケチャップボトル)では、アレグザンダーが自己に似ているとしたものは塩入れである。

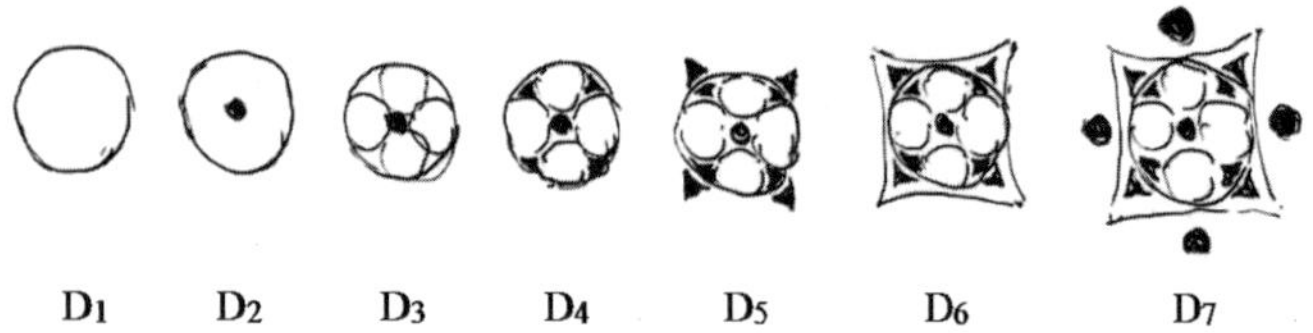

図64　構造保存変換の図式[*7]

するような仕方で付け加えていくような形態形成手法を、アレグザンダーは「構造保存変換」、または全体性を拡張するように変換していくことから「全体性拡張変換」と呼んだ。これは、結晶の成長や生物の発生などを考えるとわかりやすい。図63はマウスの前肢の成長過程である。このように、生物の発生においては、すでに分化した構造を保存しつつそれを強化するようにその形態が形成されている。

アレグザンダーは、「複雑で入り組んだ美しい生きたセンターの構造は、すでに存在している全体性に対して構造を保存するような変換を繰り返し適用した結果として、多くの場合、何の苦労もなく自然に生じる」と述べ、そのわかりやすい図式として図64を示している。このような移行が「構造保存変換」である。ここで、$D_1 \rightarrow D_2$では外側の円周が保存され、$D_2 \rightarrow D_3$では円周と中心の点が保存され…というように、すでに存在するシンメトリカルな全体性を保存しつつ、次の全体性へと移行している様子が見て取れる。また、移行が繰り返されるうちにその構造は詳細になり、複雑になっていく様子もよくわかる。

第Ⅳ章で紹介したケンブリッジやマラケシュなどの自然発生的な都市の構造は、アルハンブラ宮殿と同様、長い年月にわたる構造保存変換によって形成されてきた。図65は、イタリアのトスカーナ地方の街の形成過程である。私たちが観光に出かけるような魅力的な都市は、多くの場合、このように古い構造を保存しつつ、それを強化しながら形づくられたものなのである。

さて、ここまでをいったんまとめてみよう。

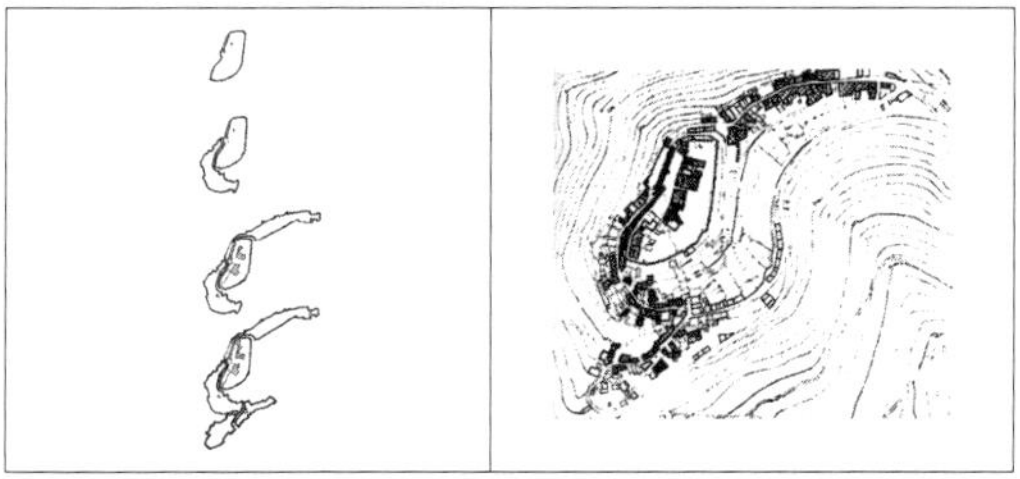

図65　都市の生成プロセス*7

まず、アレグザンダーはすべての価値基準を「生命」すなわち「生きていること」に置く。これが彼の価値基準の核心である。そして、人の自己(魂)はこの「生命」という核心そのものであり、それはすべての人、さらには全宇宙の像とも共通した構造を持つものである。

なにかが自己に似ているということは生命の核心と似ていることだから、そこには生命を宿した生きた構造があることを示唆している。

その生きた構造は全体性の中から生まれる。この全体性は多くのセンターの間の深い結びつきから生じる。

このセンターには十五の幾何学的特徴がある。そのうち最も重要なものが局所的シンメトリーである。

そして、生命を宿した全体性は、構造保存変換と呼ばれる、既存の全体性の生命を強化するような形態形成過程によって生じる。

こうして「生きた構造」の見分け方とそのつくり方がわかった。

神

本章の初めの部分で触れた、中心的な価値基準への接触の話に戻ろう。これが『ザ・ネイチャー・オブ・オーダー』の核心であり、おそらく私たちが最も当惑するところであろう。もちろん、これを受け入れたとしても、他にもすぐには受け入れ難い考えが多々あったと思うが。こうしたことを全面的に展開したのが『ザ・ネイチャー・オブ・オーダー』の第四巻「輝ける大地」である。

アレグザンダーは「センターが生命を帯びるとは実際何を意味しているのか？」「たとえ、美しい建築がセンターの観点から理解できるとしても、センターの成す構造がなぜ建物を美しくするのか？」という問いに対して二つの答えを示している。

一つ目の説明は心理学的なものであるために、一般の人には受け入れやすいものだ。それは自己を心理学的な基盤として考えるもので、個々のセンターは自己の構造、あるいは心理的な基盤と結びついているときに限り生命を持ち、そのことが結果として建物を美しくすると考える。アレグザンダーが描いたダイアグラム（図66）で説明すれば、生命を持ったものは、なんらかの仕方で私たちの自己と同じ構造を内部に備えている、つまり、人の心とものの構造が対応しているときに、それが生命を帯びているように私たちには見える。これは、アレグザンダーが初期の心理学論文で示していたゲシュタルト心理学における「同型性の原理」に基づいた説明である。すなわち、脳の外にあるもの

図66　人の自己がものと同型となる*7

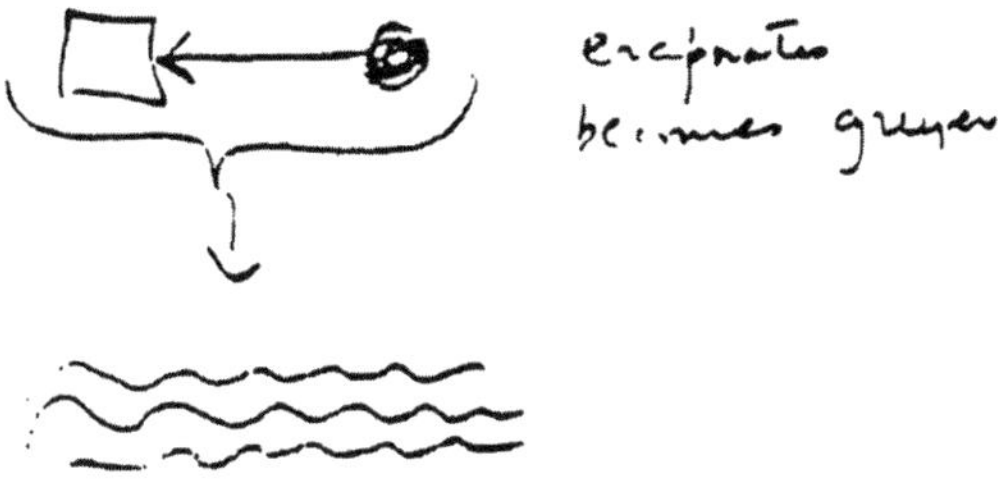

図67　透明となるものと人[*7]

の形と、脳の中の自己が本質的に同じ構造であるときに、その形は私たちの自己と同様、生命を帯びているように認識されるのである。

　アレグザンダーが与えたもう一つの説明は形而上学的なもので「自己を宇宙の偉大なるもの、われわれを超えた美と輝きの極致」と考え、この超越的な存在者、究極的な自己との結びつきによってセンターは生命を帯び、それが建物を美しくする、というものである。

　この説明は多くの人にとって受け入れ難いものだとアレグザンダー自身考えている[21]。この説明をダイアグラムで表したのが図67である。この図をアレグザンダーは以下のように説明する。「私たちが建物を建てるときや他の人が建てたものを見るとき、選ばれし者“the One”を経験するとき、私たちは宇宙の基盤となっているもの、まったくの統一体、もしくは自己“I”の領域と、より緊密な関係となる」「私たちが、この一つであるもの（統一体）とこの関係に入ったとき、私たちと物事とはなんらかの形で溶け出し、より透明となり、形が失われ、宇宙がそこから形づくられる空（くう）の中に消え失せる」。

　これは、宇宙の根本真理である「ブラフマン」が、私たちの中の真理「アートマン」と究極的には同じものであるとするウパニシャッド哲学そのものである。自己の内に「アートマン」を求め、それが宇宙の真理「ブラフマン」と同じであることを認識することで、この二つは一体化し、自己がブラフマンの中に溶けて消え失せる。こうして、自己がブラフマンという大地(ground)において宇宙と一体となる。そうしたことをこの図は表している。

当然ながら、アレグザンダーはこの二つの説明のうち、プロッツェンへの反論でも示された通り、後者の形而上学的説明のほうを支持している[39]。生きたセンターの場が現れたとき、聖霊が姿を現すがごとく深い感情が生じる。この聖霊が、パターン・ランゲージをつくっていたときに求めていた「無名の質」であり、アレグザンダーの「神」である。そして「この質がものの中に、人の中に、瞬間に、出来事の中に現れるとき、それは神なのである。これはすべてのものの背後に住まう神の徴候なのではなく、それ自身が神なのである。聖霊が顕現したのである」[39]と言う。

ただし、キリスト教やイスラム教、仏教などの既存の宗教に従えとアレグザンダーは言っているわけではもちろんない[39]。反対に、このような教団組織は、アレグザンダーが求める「輝ける大地」とはほど遠いところに位置していると彼は考えている。

元をたどればデカルトに行き着くという機械論的自然観、およびそれがもたらす「システマティックな世界理解」によって分離された形と価値、心の内と外、機能と装飾などの分裂状態が、アレグザンダーが『ザ・ネイチャー・オブ・オーダー』で示した自己を映す鏡テスト、幾何学的特徴、構造保存変換などの手法を用いることにより、中心的価値基準「神」のもとに「輝ける大地」において再び統合されるという壮大な物語が、アレグザンダーが最終的に至った地点である。

私も含めて、ここまで徹底されなければならなかったのか、と思う人はおそらく多いと思う。『ザ・ネイチャー・オブ・オーダー』は、部分的に読めば示唆に富むことも多く書かれており、なるほどと思うこともしばしばなのであるが、やはり近代以降の機械論的自然観に冒されている私たちにとって、すぐには受け入れることができない事柄に満ちているのも事実である。

このような地点にまで至ったアレグザンダーは、この後、機械論的自然観に冒された現代社会を敵に回し、勝ち目が見えない闘いを挑んでいく。その記録が、その名も『バトル』という二〇一二年に発表された最新の著作[2]である。アレグザンダーの闘いはまだまだ続いている。

Ⅷ

闘い

“The Battle”

アレグザンダーは『ザ・ネイチャー・オブ・オーダー』で、現代の私たちとは異なる方法で世界を理解し、その理解に基づいて「生き生きとした構造」を形づくる方法を説いた。こうした方法を、「神」や価値観を共有した世界観がまだ存在していた中世ではなく、現代にそのまま持ち込むことなどできるのだろうか？　しかもそれが小さな個人住宅ではなく、都心の大規模な施設に対してだとしたら……。そうした、ある意味で歴史的なことが、信じられないことに日本を舞台にして繰り広げられていたのである。

闘いの連続

思えば、アレグザンダーの研究生活は常に闘いの連続であった。『革命は二十年前に終わってしまった』や『形の合成に関するノート』では、一九三〇年代のモダニズム革命と闘い、「イメージの段階」にとどまっていたモダニズムを凌駕するために、デザインの問題を形式的に解く方法を提案した。『都市はツリーではない』では、人の実際の生活に合致しないツリー構造を生み出すモダニズムの都市計画手法を批判し、『パターン・ランゲージ』では、現在の都市空間をつくり出している「間違った」ルール・システムを正し、都市、コミュニティ、家、部屋、細部に至る各レベルのニーズに合致する構造をつくり出すルール体系を構築した。

アレグザンダーが『ザ・ネイチャー・オブ・オーダー』を執筆していたときも、大学の同僚との間で、表現の自由をめぐる裁判を七年間も闘っていた[45]。カリフォルニア大学（ＵＣ）バークレイ校の建築学科の同僚たちが、大学の授業の中で『パターン・ランゲージ』や『ザ・ネイチャー・オブ・オーダー』の草稿を用いて授業することを許さなかったからである。その対立がどれほど激しいものであったかは、以下の記述からもよくわかる。

二五年前、私が建築学科の教授会で建築の必須の基礎として全体性について初めて話したとき、UCバークレイ校建築学科の同僚たちが激しい敵意をむき出しにして反対したのをよく覚えている。「全体性」という言葉が同僚のうちの何人かを激怒させ、逆上させた。それは、まるで私への個人攻撃のようであった。しかし、残念ながら、それだけでは終わらなかった。一九八九年、建築学科長のハワード・フリードマンが、全体性を研究テーマとしてバークレイの建築学科のカリキュラムに入れるべきだと思い切って提案した。次の教授会のときに、彼は一人の同僚の激しい個人攻撃の標的となった。この言葉による猛烈な攻撃のため、教授会はそれで解散となった。しかし、同僚たちがまだ会議室を出る前のものの数分の間にハワードは致命的な心臓発作に襲われた。彼は病院へと運ばれたが、その後間もなく亡くなってしまった[46]。

アレグザンダーによれば、当時『パターン・ランゲージ』が机の上に置いてあるだけで、その学生は成績を下げられたとのことである。このような状況の中で執筆された『ザ・ネイチャー・オブ・オーダー』では、現在支配的である機械論的自然観に挑戦し、その自然観がもたらす二十世紀の「想像を絶するほどひどい」建築状況を救うため、自然の二元分裂状態を終わらせ、われわれが生きるに値するような「生きた構造」をつくり出す方法を示した。

『バトル』

二〇一二年、アレグザンダーはその名も『バトル』("The Battle")という本を出版する。この『バトル』には、機械論的自然観のもとにある現代の都市・建築の建設原理の中に生きる者と、『ザ・ネイチャー・オブ・オーダー』で示した「生きた構造」をもたらす建設原理を信じる者との間の壮絶な闘いが描かれている。その闘いの舞台は、埼玉県入間市にある盈進学園東野高校であった。

盈進学園東野高校プロジェクトは、一九八一年に、アレグザンダーが主宰する環境構造センター(CES)に設計が依頼された。前述の通り埼玉県入間市に敷地があり、高校は一九八五年、大学は一九八七~八九年の間に部分的に完成した。職員と生徒を合わせて二千人を収容する予定で、約二八〇メートル×三二〇メートルの敷地を持つ複合学園プロジェクトであった。CESが手掛けた、また『ザ・ネイチャー・オブ・オーダー』の考えを実践した最大のプロジェクトであり、アレグザンダーがこれまで手掛けたプロジェクトのうち最も成功した例の一つでもある。

この本の中でアレグザンダーは、「生きた構造」をもたらす建設原理を「システムA」と呼び、私たちが何の疑問も持たずに従っている現代の建設原理を「システムB」と呼んだ。ここで、システムAとシステムBの違いを明確に照らし出す事例をまず最初に見ていこう。それは東野高校プロジェクトを進めていく中で、初めてこの二つのシステムが激しく衝突した事例である。

敷地計画：白い旗をめぐる事件

敷地計画とは、与えられた敷地のどのあたりに建物を配置し、それらをどうつないでいくか、さらには、その建物の周囲をどのような景観としてまとめるかをデザインすることである。敷地を一度も訪れずに敷地計画に着手することは、今日の建築家やデベロッパーでも、まず、ない。ただほとんどの場合、最初に何度か敷地を見て現地の写真を撮ったら、その後は、敷地とその周辺の様子がわかる地図や図面、模型などを使って敷地計画を進めていく。つまり、その作業の大半は、抽象的なイメージの世界の中で行われる。これに対して、システムAではそれをとにかく「リアル」に進めることを求める。物理的な意味でも、感情的な意味でも。

敷地計画をリアルに進めるということは、つまり、その敷地上でリアルにデザインを進めるということである。敷地上に実際に旗を立てたり、ロープを張ったりして、何をどこに建設し、それをどうつないでいくかを決めていく。そうすることによって、デザイナーとクライアントがリアルな現場で、自らのリアルな感情に基づいて、その敷地に将来もたらされる環境について判断ができるようになるからである。

東野高校プロジェクトでは、敷地計画をリアルに進める上で大きな障害があった。東野高校の建設予定地の購入契約が、敷地計画を始める一九八一年の時点(当時は茶畑であった)では、まだ完全に結ばれていなかったのである。こうしたことは、システムBでは大きな問題にはならない。まだ購入していない土地の図面を建築設計事務所に持ち込んで、その上にどのような住宅が建てられるのかを検討してもらうことは日常茶飯事だし、そうした検討もしないで土地を購入するほうが危険ですらある。

図68　敷地予定地に立てられた旗*7

それでは、具体的に何が起きたのか『バトル』[2]の記述をもとに箇条書きで示してみよう。

・敷地計画を敷地上でリアルに行うと、CESはクライアントに事前に説明していた。
・リアルに敷地計画をまとめようとすれば、建物の位置や通路の道筋などを表す印をその敷地上に残しておく必要が出てくる。そのために、高さ一・八メートルの竹竿に白い旗を付けて敷地の要所々々に立てることにした。それらは敷地計画の進展を視覚化した(図68)。
・ここで予期していなかった問題に突き当たった。クライアント側が、旗を目立たないようにはできないか?と聞いてきたのである。しかし、それはできない。目立つからこそ視覚化できるのだから。それでは、それをずっと立てておくのではなく必要なときだけ一時的に立てることはできないか？　と聞いてきた。しかし、それもできない。なぜなら、引き抜いた旗を元に戻すときに五〇センチでも違ってしまったら、それだけでリアルな感情に対しては大きな違いとなってしまうからである。

- クライアントはまた別の問題を持ち出してきた。その土地はまだ耕作されており、その旗が農民の作業の邪魔になっているというのである。さらに、彼らはもっと深刻な問題を説いた。建設予定地を購入することは決まっていたが、正式にはまだ交渉中であった。所有権はまだ移譲されていなかったのである。つまり、売買については合意していたが、価格の最終決定には至っておらず、あと数カ月は決まらないかもしれないという段階であった。
- 不動産業者は、この旗の存在について非常に心配した。この旗があることによって、農民が土地の価格をつり上げてくるのではないかと考えたからである。
- これは確かに深刻な問題である。しかし、アレグザンダーらはクライアントに、旗を立てる以外に敷地計画をつくり上げることはできないと説明した。敷地計画をスケジュール通りに進めるためには、旗は今でも立てておかなければならない。そこで、妥協点を見出した。旗を短期間設置した後、アレグザンダーたちがいない間は少数の主要な旗だけを残し、他は取り除くことにした。
- そうするうちに、突然リアルな、わくわくすることが起こってきた。それは一見してわかった。お碗のような形をした敷地は旗で満たされ、それを見たすべての人に対してなにかしら喚起させるものがあった。そこには疑いようもなく、なにかリアルなことが起こっていた。

・そして惨事が起こった。ある朝、午前三時、アレグザンダーがアパートで寝ていると突然電話が鳴った。クライアントが敷地から話している。農民が騒動を起こしているから、アレグザンダーに敷地まで来いという。クライアントはアレグザンダーのアパートに一時間後に来るという。そして、彼は午前四時にアレグザンダーのアパートのベルを鳴らした。

・やはり、農民たちが旗に刺激されてプロジェクトの悪口を言っている。交渉は破綻した。不動産業者は、真夜中に一人で出て行ってしまった。そして、立ててあった二〇〇本の旗を残らず引き抜いてしまった。

・あれほど細心につくった敷地計画は失われてしまった。敷地の中に発見したデリケートな関係性、精密に置かれた旗の支柱は失われ、決定的に損なわれた。感情は、沸点に達していた。

・七、八日間は、旗を元に戻すことは不可能だと見られた。ただ旗がどうしても必要なことは事実として認められた。

・最終的にはアレグザンダーたちは仕事に戻った。しかし、今、このような暴力的な出来事により、システムAとシステムBの間の徹底的な違いがまったく明らかとなった。これは、この違いが完全に徹底的に明らかとなった最初の出来事であった。

この「事件」のあらましを読んだとき、読者の心にどのような感情が起こっただろうか。アレグザンダーたちとクライアントや農民たちのどちら側に同情しただろうか。おそらく、多くの人はクライアントや農民たちのほうに同情したのではないかと思う。そうした感情は、つまり、私たちがシステムB側に属している証拠なのである。ここで、アレグザンダーはこの感情をもたらす強固な世界観と闘っているのである。

システムAとシステムB

このような激しい対立を生むのは、システムAとシステムBがまったく異なる世界観のもとにあるからである。

システムAは『ザ・ネイチャー・オブ・オーダー』に描かれていたように、すべては生命、すなわち「生き生きとしていること」に基づいている。だから、まずその土地や建物が生き生きとしているか、そこで時を過ごす人や植物、動物が生き生きとしているかということが、物事を判断する上で主要な関心事となる。

一方、システムBは効率を重視し、その場所からなんらかの利益が上げられるかどうかが、物事を決定する上での最終的な判断基準となる。だから、システムBでは、どんなに良いことだとわかっていてもそれが最終的に利益に結びつかないと思われることに対しては、否定的な判断が下されることになる。

人や動物、植物などが生き生きとしているかどうかを確かめようとするとき、できるだけそれらを直接見て、触れて、時には臭いを嗅いで確かめたいと思うだろう。写真や図面のような間接的なものを介してでは、なにかしら大切なものが失われてしまい、それが生き生きとしているのかどうか自信が持てないからだ。だから、システムAでは、できるだけリアルな状況に実際に身を置いて物事の判断をしようとする。茶畑の場合も同様である。その敷地が購入済みかどうかということは、そこに生き生きとした環境をつくれるかどうかには本質的にはかかわりがない。それよりも、できるだけ敷地に身を置き、その場に働く「フォース」を直に感じ、その場所の構造を保存しつつ、そこにある「全体性」を強化するような敷地計画を探ろうとするのである。

しかし、この態度は本質的に、システムBを駆動している原理である効率や利益とは相容れない。売買契約が済んでもいないのにその敷地に旗を立てるなんていうことは、そもそも法律的にも微妙であるし、土地の売買契約上も得策ではない。だいたい、そのやり方では時間や労力がかかりすぎる。それよりも、敷地に直接かかわるのではなく、写真や地図に基づいて、イメージ上で間接的に敷地計画を進めたほうが効率的だし、物事がスムーズに進むと私たちは考える。

つまり、システムAは「生き生きとしていること」を基準とするためリアルであることにこだわり、システムBは効率を優先するために、リアルではない抽象的なイメージに基づいて判断を下す傾向がある。すなわち、システムAとシステムBの闘いは、「生命」と「効率」という異なる判断基準を持つ者の間の対決であり、それぞれの判断を「現実(リアリティ)」に基づいて行う者と「抽象的イメージ」に基づいて行う者との間の闘いなのである。

パターン・ランゲージ

東野高校プロジェクトでまず彼らがしたことは、パターン・ランゲージを使い、四、五カ月かけてユーザーからのニーズを収集することであった。『ザ・ネイチャー・オブ・オーダー』で明らかにされた通り、パターン・ランゲージ自体には深みを持った形を生成する力はない。しかし、ユーザーである教師や職員、学生たち、およびその敷地にどのようなフォースが働いているのかを知る上で、パターン・ランゲージはCESにとって欠かせないツールとなっていた。「生きた構造」は、これらのフォースが求める形でもあるからである。

ただ、現状ではほとんどの人がシステムBの中で生活しているため、教師や学生たちから得られるパターンも、システムBに従った機械論的なものが中心となってしまうだろう。そこでアレグザンダーたちは、彼らに次のように問いかける。

> 目を閉じて、自分が天国のような場所にいると想像してください。そして、生まれて初めて、完璧に美しい、仕事をする上で理想的な場所で、教えたり学んだりしている様子を思い浮かべてくださ い[2]。

そして、今までの教室で経験してきたことをいったん忘れ、自分の深い感情に従って答えるようにと彼らを導く。こうした雰囲気の中で得られたパターンには、以下のようなものがある。

一つのかけがえのない中心があります。その場所では日が建物を照らし、学園全体の精神が映されています。そこは開かれた空間で、重要な建物がその脇に建ち……。そこにはなにか、それがなにかははっきりとわからないけれど、学園全体の雰囲気が反映されているものがあり、それが記憶に残っています[2]。

アレグザンダーはこれをパターンと呼んでいるが、これはすでに、オリジナルのパターンの形式を持っていない。パターンの形式とは、ある状況が与えられ、そこに生じるフォースが特定され、そのフォースの求める形が導き出される、そうした形式であった。ここでは、そうしたことよりも自己の深い感情の中に現れる形(構造)そのものを描写することが求められている。

センター

このようにしてパターンが集まったら、得られたパターンをパターン・ランゲージのときと同様に、キャンパス全体にかかわるものから部分にかかわるものへとヒエラルキカルに分類し、これらのパターンに基づいてセンターをつくる。全体性を構成する、あのセンターである。

基本的に、一つのパターンが一つのセンターに対応する。たとえば、先のパターンに対応するセンターの記述を挙げれば、「田の字のセンターは、幾何学的にキャンパスの重心の位置にあり、大学と高校を統合し、キャンパス内の他の重要な機能を結びつける」とある。このような記述に基づいて描かれたダイアグラムが図69である。ダイアグラムの下部にあるエントランスへとつながる通路から円形の広場に至った先に、少し濃く描かれた「田の字」のセンターが見える。こうしたダイアグラムに従って先に述べたリアルな敷地計画を行った後に、いよいよ建設へと移る。

建設

工事を担当した施工会社(ゼネコン)の社員が言っている。「これは戦争だ。途方もなく信じることもできないが、ある裁判の一場面のようだ」[2]。敷地計画をつくり上げるのにあれほどのトラブルが引き起こされたのだから、建物の建設に入るとどれほどのことが起こるのかは、ある程度想像できるだろう。アレグザンダーも「ここにきて、システムAとシステムBの闘いの核心に至った」と書いている[2]。

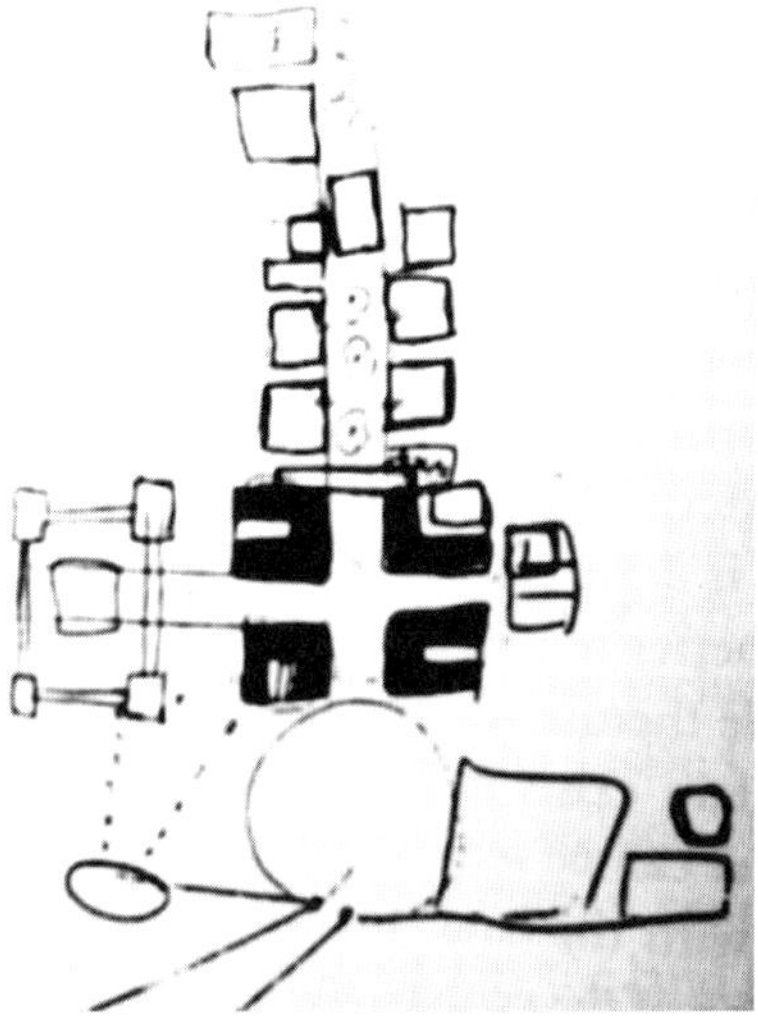

図69 「田の字」センター*7

システムAの建設方法は、『ザ・ネイチャー・オブ・オーダー』で説明された構造保存変換(全体性拡張変換)に基づいている。既存の構造を保存するように、生き生きとした全体性をより拡張するような仕方で、新たな部分を既存の構造に付け加えていく、そうした建設方法である。そのために、建設のすべての段階で既存のものの構造が生きたものであるかどうかを検証し、そうでなければ修正を施すというフィードバックループが常に作動している。そして、新たな部分を施工するたびに「リアル」であるかどうかを自己の感情を用いて判断するために、頻繁にモックアップを作成し、これから施工する新たな部分が既存の部分の生命を増すことに寄与しているかどうかを確かめる。こうして、システムＡでは、建物を一歩一歩まわりの状況に適応させながら建設を進めていく。

一方、利益や効率を重視するシステムＢでは、完成物の姿は建設に先立って図面などの抽象的なイメージにより前もって確定されており、その建物の組み立て方法も、計画されたスケジュール通りに進むことを理想としている。今どきの建設現場で、着工前に完成後の姿が決まっていないなんていうことはあり得ないだろう。自宅を建てるときに、「だいたいの感じは決まっていますが、最終的にどうなるかは建てながら決めていきます」なんて言われたら、どう感じるだろうか？（システムＡでは実際そうしたことを求めている）

直営方式

そしてアレグザンダーは、「システムＡの極めて重要な特徴は二つの単語で要約できる、それはDirect Management（直営方式）である」と述べる。

一般にこの規模のプロジェクトであれば、施工はゼネコンなどの施工会社が一括して請け負う場合がほとんどだろう。この場合、ゼネコンは基礎工事、躯体工事、仕上げ工事などを別々の下請け会社に発注するなどして建設工事を進めていく。

一方、アレグザンダーがめざした直営方式とは、ゼネコンを通さずにクライアント自身かクライアントの委託を受けた設計事務所が下請け会社を直接指定し、工事に関する指示も各工事会社に直接伝えるものである。住宅の建設で考えてみると、住宅の建設をある地域の工務店に依頼した場合、クライアント側から見ると、着工から棟上げ、内装、外装などの全部の工事をその工務店が直接行っているように見えるかもしれないが、実際には、それぞれの工事を専門とする下請け会社を工務店が個々に選んで各工事を依頼している。小さな住宅でも、そういった会社の数を合計すれば十社以上になるのではないだろうか。システムAが採用する直営方式とは、これらの個々の会社をクライアントや建築家自身が地域から一つ一つ見つけ出し、工事を依頼し、その出来栄えを直接確認するという、現代の感覚からすると極めて「効率の悪い」建設方法なのである。

アレグザンダーは、「全体性拡張変換」を設計段階のみならず施工段階でも実現しようとするため、施工のすべての段階において、修正や変更を個々の職人や下請け会社に直接指示したいと考えていた。なぜなら、間にゼネコンが入ってしまったら、建設の各段階で全体性が拡張され「生きた構造」が保存、強化されていることを「リアル」に確認できなくなってしまうからである。アレグザンダーにとって、建設過程とは建設途中の建物がその敷地に少しずつ適応していく過程であった。

だから、アレグザンダーが望むような細かい修正がいつでもできるように、アレグザンダーたちが棟梁や下請け会社を直接コントロールできなければならないのである。

建設費

ここですぐに思い当たるのは、それではお金は大丈夫なのだろうか？ ということであるが、もちろん、これはシステムB的な心配事であろう。しかし、建設の各段階で修正が入るのであれば、建設費は際限なく膨らんでしまうように思える。この問題に対するアレグザンダーの考え方は、それが実現可能なのかどうかはとりあえず置いておいて、興味深いものだった。

アレグザンダーは言う、「私たちのコスト・コントロールの方法では、まずデザインを始める前に現実的な価格を定めるところから始める。デザインの後ではなく」。

普通、デザインが終わり、図面ができ上がってこないと、施工会社はその図面に描かれているものがいくらくらいで施工できそうかを見積もれない。たとえば、自分でデザインしたテーブルがいくらくらいで製作できそうなのかを見積ろうとする時、そのテーブルの完成予想図がなかったら、どういった種類の板がどれくらい必要か、つくるのにどれくらいの手間がかかりそうかといったことがわからないのだから、その製作費用が全体でいくらくらいになりそうかはっきりしないだろう。つまり、デザインが固まる前にその製作費を見積もることなんて、普通はできないのである。

ただ、クライアントは自分が使えるお金の総額を知っているから、そこから教室にいくら、体育館にいくらくらい使えそうだということは、ある程度事前に想定はできる。そこでアレグザンダーは、土木工事の場合であれば、それに使える金額を土木工事を発注した会社に示し、この価格内で工事するようにと前もって伝えておく。そしてアレグザンダーらは、その価格となるようにデザインを変更し続けるのである。そうすれば、クライアントが想定していた金額にいつかは納まることだろう。

それまでの日本の施工会社は、このような予算管理方法を経験したことがなかったであろう。アレグザンダーは言っている、「こんな、農民だったら誰でも当たり前にしているような単純で明らかなことが、彼らには風変わりなものに見えたようである」。確かに、農民はこの畑にどれくらいのお金を使うかを事前に見積もり、それから、何を植えるか、肥料は何を使うかなどを決め、その見積もり額に近くなるように少しずつ調整していく。そして、作物が成長していく段階でも、この調整は続く。

一方システムBの場合は、建物のデザインが確定してからそのデザインに基づいて施工費用が決まるから、施工が始まった後に建物のデザインの内容を大きく変更することは、普通、許されない。大きく変更してしまうと、施工費用の前提が大きく変わってしまうだけでなく、下請会社への手配もすべて見直さなくてはいけなくなるからである。こうした予算管理の方法では、アレグザンダーのめざす状況適応的なデザイン・施工方法が実現できないのは明らかであろう。

こうしたシステムAのやり方に反発したゼネコン側が、アレグザンダーを強硬に追い出そうとする。アレグザンダーによれば、二千万円のワイロをクライアント側に申し出たり、暴力でクライアントを脅すなどして、この直営方式をやめさせようとしたというのである。アレグザンダーがこの規模のプロジェクトを直営方式で見事にやり遂げてしまうと、直営方式が日本全体に広まってしまい、ゼネコンの支配力が削がれてしまうことを彼らは恐れているのだとアレグザンダーは考えた。しかし、アレグザンダーはこのような猛烈な反発を受けても、直営方式をこの時点ではあきらめていなかった。なぜなら、「この仕事は、全世界の社会に対する大きな責務だと考えているから」であった。ここでシステムAが負ければ、システムBの支配がこの先ずっと続いてしまうかもしれないと恐れたのである。

信用の喪失と回復

ここから、施工会社やクライアント、CESのメンバーを巻き込んだ泥仕合が始まる。施工会社がアレグザンダーを設計施工・監理の契約から外せとクライアントに迫ったり、CESのメンバーの一人がこのプロジェクトを乗っ取ろうとしたり、クライアントの中心となっていた人物の友人(弁護士)がその友人を裏切り、彼を学園から追い出そうとしたり、ということが、一九八三年から八四年の間に立て続けに起こった。その結果、CESはクライアントである学園側の信用を失い、学園側はゼネコンにこのプロジェクトを任せることにしてしまった。そのため、直営方式はもはや続行不能となった。システムBの完全勝利である。

ここからシステムAが少しずつ巻返しを図る。施工会社は日本の法律で定められている建築確認の申請書を作成し、確認済証の交付を受けることは、CESの能力ではできないと主張していた。実際、このことがクライアントの最大の心配事であった。この確認済証の交付が遅れれば施工の開始が遅れ、それに伴って竣工も遅れるため、すでに決まっていた新たなキャンパスでの授業のスタート時期も遅れてしまうからである。もし、ここでCESがこの建築確認の申請、および確認済証の交付を遅延なく受けることができれば、クライアントからの信用をある程度回復できるかもしれない。

図70　体育館*7

そこで最も大きな問題であったのは、体育館(図70)で計画されていた大規模な木造構造を日本の検査機関が納得するような形でデザインし、その解析結果を示せるか、ということであった[※11]。ここで彼らは構造設計家の松井源吾を見つけ出し、その他にも日本の若い優秀な建築家の協力とCESのメンバーの努力により、その構造解析を成し遂げ、なんとか確認済証の

※11　この体育館は、当時としては国内において最大級の木造建築であった。

交付を期日までに勝ち取ることができた。これによってシステムAが少し盛り返してきた。しかし、建設を直営方式に戻すことは最後までできなかった。

奇妙な契約

これまでの経緯だけでは、このような「闘い」が本当にシステムAとシステムBとの間で必然的に起きるものであったのか、という疑問が残る。もちろんCESがシステムBのデザイン・建設方法を採用していたら、こうした問題は起きなかったであろう。しかし、システムAを採用したとしても、最初から松井のような理解のある優秀なエンジニアや建築家に協力を仰いでいたならば、ここまで話が複雑にはならなかったのではないだろうか。この後に起こるトラブルにも同様のことが言える。アレグザンダーは、システムAとそれ以外という形で敵と味方をはっきりと分け、最初から「闘い」を挑んでしまうため、システムB側もその挑発に乗らざるを得なくなるような状況に追い込まれてしまうのである。

確認申請についてはうまくいったが、依然として施工会社のほうが強い立場にいた。アレグザンダーの友人を除いて、クライアントはすべてゼネコン側につき、CESの敵となった※12。

そして突然、この友人の発案で、CESと施工会社との間で奇妙な契約が結ばれることになる。それは「施工会社とCESは共にこのプロジェクトに関して完全なコントロールを持つ」というものである。友人が言うには、このプロジェクトが崩壊したら、施工会社もCESも困ることになる。だから、いずれにせよ両者は互いに協力しなければならなくなるというのである。
この矛盾した不思議な契約は(その友人も言っている通り)、アメリカでは通用しないだろう。しかし、日本ではうまくいくかもしれない。つまり、この契約が意味するところは「互いを信頼せよ」ということである。アレグザンダーがいつも闘うはめになるのは、この「信頼」の意味を、特に日本における意味を理解していなかったからではないだろうか。いずれにせよ「この日本のすばらしき曖昧さ」(アレグザンダー)により、このプロジェクトは少しずつ前に進むようになる。
ただ施工会社との「闘い」はそれ以降も続いた。アレグザンダーは言う。

施工会社との衝突の主な点は、現場におけるデザインの変更にあった。…デザインは建設途中で絶え間なく見直された。…このプロセスはすでにあるコストの範囲内で行われ、建設の前に変更され、コストは増加しないと説明した[2]。

しかし、CESの変更に施工会社が従わなかったり、なんの連絡もなしに施工してしまうということが頻発する。

※12 アレグザンダーによれば、その時点でその友人は自殺を考えたとのことである。

逃亡と奇跡

このような「闘い」が最も激しかった一九八四年一〇月から八五年二月まで、アレグザンダーはＣＥＳのメンバーを日本に残し、アメリカに逃げ帰ってしまった。

これらの日々に、私は日本には行かなかった。最悪のことを恐れていたからである。施工会社の態度はとにかく敵対的で、非協力的で、物理的な建物は彼らの感情によりだめになってしまい、私たちが意図していたものの抜け殻以上のものとはならないだろうと思っていた。それを見るのは耐えられなかった[2]。

そして一九八五年二月に、どうしても現場に戻らなければならない時がきた。

成田空港に着いたあと、タクシーで現場に直接向かった。私は自分たちの事務所にも行けなかった。とにかく怖くてつらかったため、事務所のスタッフにさえ会いたくなかった。その時のことはよく覚えている。雨が降っていた。…雨の中一人で現場に向かった。

私は歩き回った。さらに歩いた！ そして、突然、よし、と思った。なぜなら、私たちが実現したいと思っていたすばらしい生き生きとした特質が、その建物の中に、遂に実現していることがわかったからである。…私たちが夢見た生命がそこにはあった。この感覚は間違いようがない。生命がそこにはあったのである。

この部分を読んで誰もが、「では、施工会社とのあの激しい闘いはなんだったのか」と思うことだろう。アレグザンダー不在の中、直営方式の施工が満足に実現できなかったのに、なぜ帰ってきたら「そこに生命があった」などと言えるのだろうかと。おそらく、日本に残されたCESのメンバーの献身的な努力と、施工会社の嫌々ながらの協力により、完璧な形ではないが、システムAの建設方式に近いなんらかのやり方が実行された結果なのであろう。

私も二〇一一年に、CESのメンバーで盈進学園を担当した中埜博氏の案内のもと、この学園を見学した。竣工後二六年が経っていた。そこには、最初にはなかった空調があり自動販売機もある。それなのに、それが建物や風景の中に溶け込んでいる。まったく違和感もなく、両立している。それだけの強度を持つ建築はなかなかない。竣工直後に訪れ、二六年後に再び訪れた人のほとんどが「昔よりもはるかによくなっている」と口々に言っていたことが印象的であった。私もこの東野高校を含むアレグザンダーらがデザインした建物の写真を雑誌などで見ていたから、あまり期待もせずに訪れた。しかし、東野高校は私の予想をはるかに超えて良いものであった。確かに、これは名作と言えるレベルの建物であり、アレグザンダーの言う「生命」がそこにあるのを感じた。

だから、この建設方法がいくら荒唐無稽に思われたとしても、システムAが持つ可能性は今後も考え続けるに値するものであるように思われる。少なくとも、盈進学園東野高校で実現されたあの質は、システムAに近いデザイン・建設方法でなければ獲得できなかったものだと思えるからである。

あとがき

最後に、アレグザンダーが「デザインという問題」をめぐって、どのような道筋をたどってきたのかを振り返ってみよう。

第Ⅱ章「デザインの見方」で示した、「デザインの三つの段階」の図71を思い出そう。アレグザンダーのたどった道筋は、この図の上にすべてプロットできる。理想のデザイン理論を追い求めているとき、この図式が常に彼の頭の中にあったのではないかと思えるほどである。この図式の上で、「美とは調和である」というアレグザンダーの全デザイン理論を貫く命題において、それが何と何との調和であったのかを見ていこう。

アレグザンダーは、「良い形を特徴づけるもの」を追求した認知心理学研究と、『形の合成に関するノート』における形式的操作によるデザイン方法の研究を同時に行っていた。認知心理学研究で探求したのは、現実の世界にあるどのような形(構造)を見たときに、人はそれを美しいと感じる

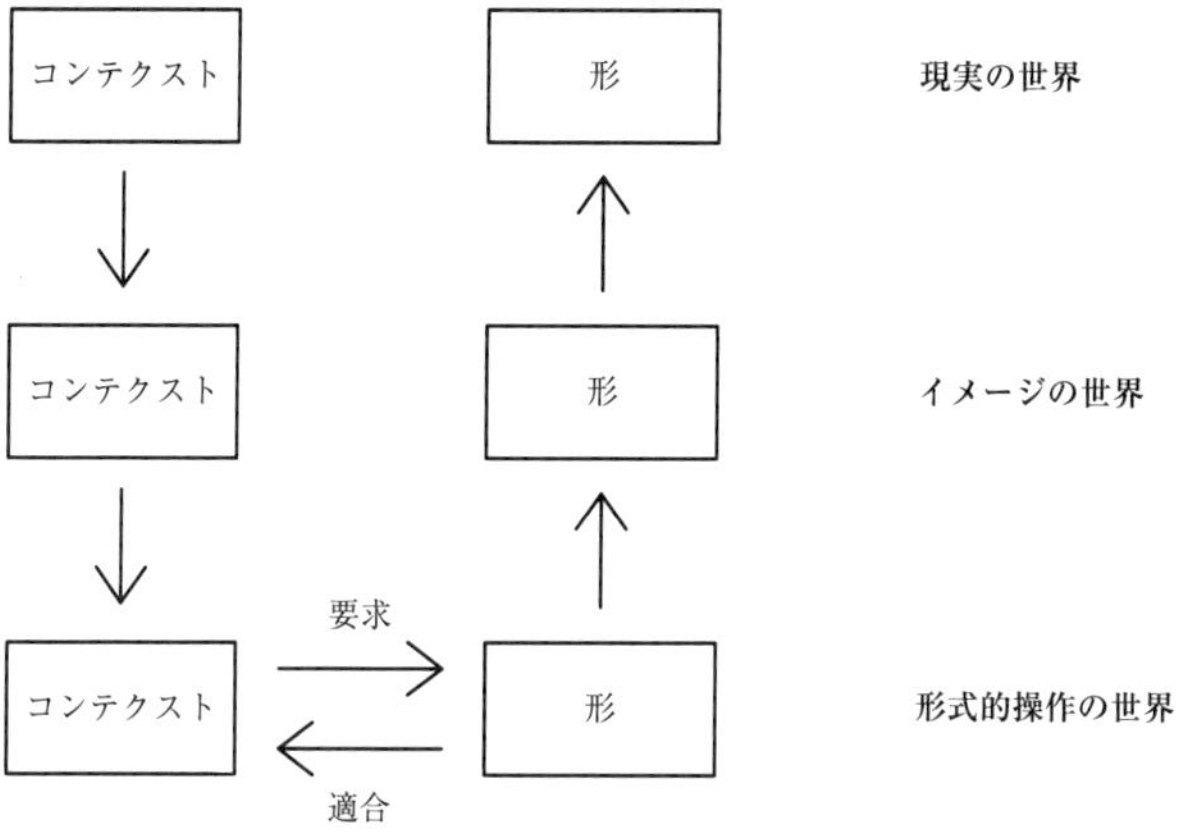

図71　デザインの三つの段階

かについてであった。そこでは、ゲシュタルト心理学の「同型性の原理」に基づき、脳の中のイメージの世界と現実の世界の間に成り立つ同型性を頼りにして、その間に成立する調和ある構造「サブ・シンメトリー」を見出した。ここで問題とされていたのは、現実世界とイメージの世界の間の調和であった。

アレグザンダーは、この研究とまったく並行して『形の合成に関するノート』の形式的操作の世界におけるデザインの可能性を探求した。そこで探求された調和とは、形式的操作の世界の中での形とコンテクストの間の調和であった。

しかし次の『都市はツリーではない』の時期に、形式的操作の世界がもたらす構造(ツリー)は、時間をかけて形づくられた都市や私たちの生活の実態とは相容れないことに気づく。認知心理学研究で発見した、言葉という抽象的な表現では表せないより深い構造を、形式的操作によっては形成できないからである。

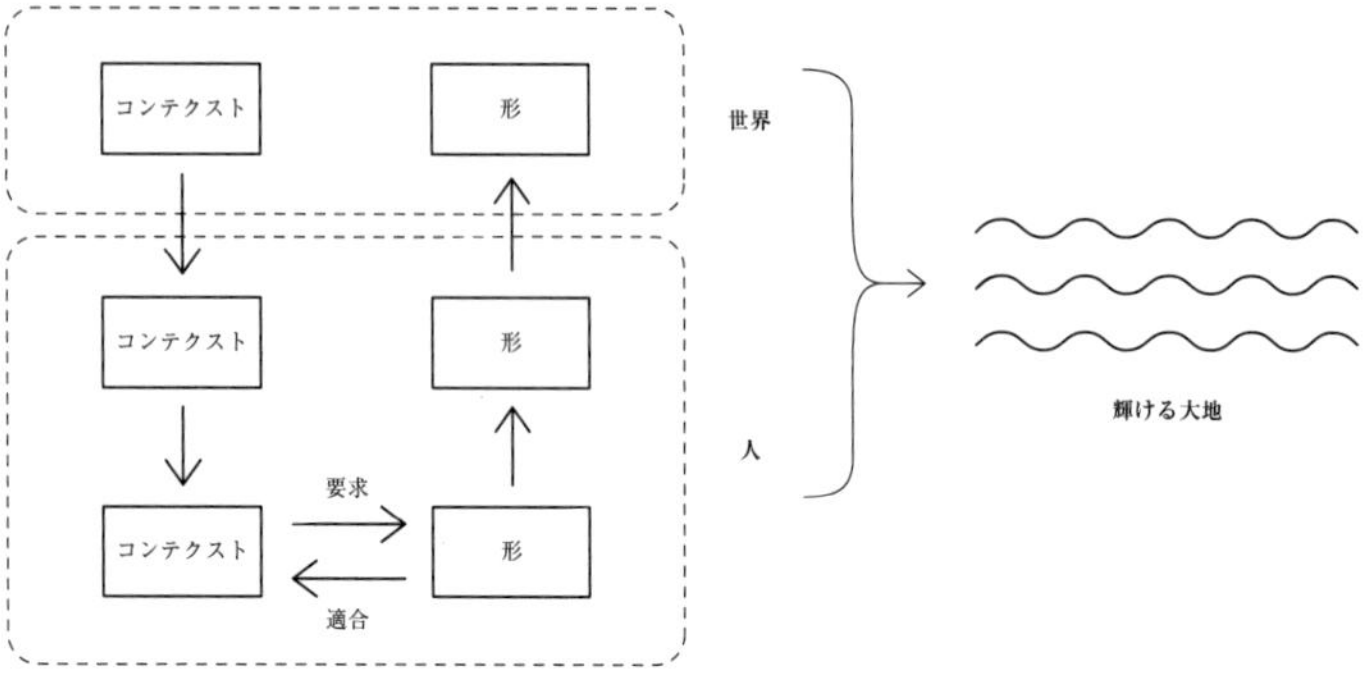

図72　図式の消失

『パターン・ランゲージ』では、現実の世界に働くフォースの求める形を見出すルールをつくり出し、それを自然言語や写真などのイメージを用いて表現し、それらのルールを形式的操作の世界（数学）由来のルール・システムをベースとして体系化した。これまで得られた知見を総動員し、「デザインの三つの段階」の図式全体を覆う体系を作成したのである。このパターン・ランゲージが、アレグザンダーのデザイン理論の決定版となるはずであった。しかし、パターン・ランゲージは結局のところうまくいかなかった。それはなぜかと考えたアレグザンダーは、この図式そのもの、このようにコンテクストと形を分け、人の持つイメージとリアルな世界を分けて考えていること自体に問題の根源があるのではないかと思い至った。

そこで『ザ・ネイチャー・オブ・オーダー』では、抽象的なイメージや形式的操作は人をリアルな世界から遠ざけるものだとしていったん否定し、人のリアルなものの根源である「自己」の構造によって世界のリアルな構造の価値を直接測る手法を提案した。

そして最終的には、人（自己）と世界（宇宙）は互いに溶け出し、輝ける大地において人と世界は一体となり、そこに究極の「調和」がもたらされる。ここにおいて、「図式」は最終的に捨て去られたのである(図72)。

本書は、『日本建築学会計画系論文集』に二〇一〇年から二〇一三年までの三年間に掲載された三本の論文が原型となっている。こうして本書がまとめられるまでには、多くの方々のお力添えをいただいた。建築における二人の師、鈴木恂先生、宇野求先生、研究の出発点を与えてくださった田浦俊春先生、その後の研究の場を与えてくださった上田完次先生、北村新三先生、松嶋隆二先生、数理論理学のセミナーを一対一でしてくださった角田譲先生、デザインについてさまざまなことを語り合った菊池誠さん、サバティカルの時に実務研修と本書執筆の場を与えてくださった長谷守保さん、本書の草稿を読み貴重なコメントをくださった青山友子さん、遠藤祥子さん、笹晴香さん、本書の刊行を激励してくださった中埜博さん、多くの図版の使用を許可してくださったCESTの皆さん、本書の企画段階からお世話になっている彰国社編集部の鷹村暢子さんに改めてお礼申しあげます。最後に、いつも支えてくれている両親や家族に感謝の気持を表します。

二〇一五年四月一日

長坂　一郎

引用文献・参考文献

[1] スティーブン・グラボー著, 吉田朗・辰野智子訳,『クリストファー・アレグザンダー—建築の新しいパラダイムを求めて』, 工作舎, 1989

[2] C. Alexander, "The Battle", Oxford University Press, 2012

[3] C. Alexander, "The Bead Game Conjecture", Lotus, an International Review of Contemporary, vol. 5, pp. 151–154, 1968

[4] C. Alexander, "The Theory and Invention of Form," Architectural Record, vol. 137, pp. 177–186, 1965

[5] C. Eames, "Design [Q] & [A], in Eames Design", J. Neuhart and M. Neuhart, Eds. Harry N. Abrams, pp. 14–15, 1989

[6] J. Bruner, "The process of education", Harvard University Press, 1977

[7] C. Alexander, "Notes on the Synthesis of Form", Harvard University Press, 1964

[8] L. Sullivan, "The tall office building artistically considered", Lippincott's Magazine, vol. 407, p. 403, 1896

[9] J. Michl, "Form Follows WHAT? – The modernist notion of function as a carte blanche", Magazine of the Faculty of Architecture & Town Planning [Technion, Israel Institute of Technology, Haifa, Israel], no. 10, pp. 20–31, 1995

[10] 鈴木博之,『建築の世紀末』, 晶文社, 1977

[11] デカルト著, 野田又夫訳,『精神指導の規則』, 岩波書店, 1974

[12] デカルト著, 谷川多佳子訳,『方法序説』, 岩波書店, 1997

[13] アドルフ・マイヤー著, 貞包博幸訳,『バウハウスの実験住宅』, 中央公論美術出版, 1991

[14]「バウハウス 芸術教育の革命と実験」展図録, 川崎市市民ミュージアム, 1994

[15] S. Chermayeff and C. Alexander, "Community and Privacy: Toward a New Architecture of Humanism", Anchor Books, 1969

[16] C. Alexander, "Hidecs 2: A Computer Program for the Hierarchical Decomposition of a Set with an Associated Graph", Civil Engineering Systems Laboratory Publication 160, MIT, 1962

[17] S. Watanabe, "Information theoretical analysis of multivariate correlation," IBM Journal of research and development, vol. 4, no. 1, pp. 66–82, 1960

[18] C. Alexander, "A result in visual aesthetics", British Journal of Psychology, vol. 51, no. 4, pp. 357–371, 1960

[19] J. Bruner, R. Olver, P. Greenfield and Others, "Studies in cognitive growth", Wiley New York, 1966

[20] C. Alexander and S. Carey, "Subsymmetries", Percept Psychophys, vol. 4, no. 2, pp. 73–77, 1968

[21] C. Alexander, “The Nature of Order, Book One: The Phenomenon of Life”, Center for Environmental Structure, 2002

[22] C. Alexander and B. Poyner, “The Atoms of Environmental Structure”, Center for Planning; Development Research, University of California, Berkeley, 1966

[23] ジェフリー・S・ヤング, ウィリアム・L・サイモン著, 井口耕二訳,『スティーブ・ジョブズ : 偶像復活』, 東洋経済新報社, 2005

[24] C. Alexander, “From a Set of Forces to a Form”, The Man-Made Object, ed. Gyorgy Kepes, Vision and Value Series, vol. 4, pp. 96–107, 1966

[25] C. Alexander, S. Ishikawa and M. Silverstein, “A Sublanguage of 70 Patterns for Multi-Service Centers”, report submitted to the Hunts Point Neighborhood Corporation, Hunts Point, Bronx, New York, 1968

[26] C. Alexander, “The Coordination of the Urban Rule System”, The Center for Planning; Development Research, University of California, Berkeley; Center for Planning; Development Research, Institute of Urban; Regional Development, University of California, Berkeley, 1966

[27] C. Alexander, “Systems Generating Systems”, Archit. Des., pp. 605–608, 1967

[28] クリストファー・アレグザンダー著, 中埜博訳,『パターンランゲージによる住宅の建設』, 鹿島出版会, 1991

[29] C. Alexander, “The State of the Art in Design Methods”, DMG Newsl., vol. 5, no. 3, pp. 1–7, 1971

[30] C. Alexander, S. Ishikawa and M. Silverstein, “A Pattern Language: Towns, Buildings, Construction”, Oxford University Press, USA, 1977

[31] T. Ward, “Tony Ward Reviews: A PATTERN LANGUAGE”, ARCHITECTURAL DESIGN, pp. 14–18, 1979

[32] クリストファー・アレグザンダー著, 宮本雅明訳,『オレゴン大学の実験』, 鹿島出版会, 1977

[33] Bryant, G. (1991), “The oregon experiment after twenty years”, http: //www.rainmagazine.com/archive/1991-1/the-oregon-experiment-revisited. Accessed: 2013-12-11

[34] D. Fromm and P. Bosselmann, “Mexicali revisited: Seven years later”, PLACES, vol. 1. Places, pp. 78–90, 1984

[35] J. Protzen, “The poverty of the pattern language”, Design Methods and Theories, vol. 12, no. 3/4, pp. 191–194, 1978

[36] G. Broadbent, “Pattern Language”, Design Studies, vol. 1, no. 4, pp. 252–253, 1980

[37] C. Alexander, "The Nature of Order, Book Two: The Process of Creating Life", Center for Environmental Structure, 2002

[38] C. Alexander, "The Nature of Order, Book Three: A Vision of a Living World", Center for Environmental Structure, 2005

[39] C. Alexander, "The Nature of Order, Book Four: The Luminous Ground", Center for Environmental Structure, 2004

[40] クリストファー・アレグザンダー著, 中埜博訳,『ザ・ネイチャー・オブ・オーダー』, 鹿島出版会, 2013

[41] C. Alexander, "On Value", CONCRETE, vol. 1, no. 8, p. 1, 1977

[42] C. Alexander, "From Small-Scale Human Minutiae As Important In Architecture, To a Changed View of the Universe", http://www.natureoforder.com/library/minutiae-to-universe.htm (accessed: 2-Nov-2012), 2003

[43] J. Juhasz, "Christopher Alexander and the language of architecture", Journal of Environmental Psychology, vol. 1, pp. 241–246, 1981

[44] C. Alexander, "The Linz Café: Das Linz Café", Oxford University Press; Löcker Verlag, 1981

[45] C. Alexander and W. Kohn, "Wendy Kohn Interviews Christopher Alexander on the Nature of Order", http://www.pattern-language.com/archives/wendykohn/wendykohninterviewedited.htm (accessed: 2-Nov-2012), 2002

[46] C. Alexander, "Reply to Saunders: Some Sober Reflections on the Nature of Architecture in our time", http://www.natureoforder.com/library/reply-to-saunders.htm, (accessed: Nov-2012)

図版・写真提供

特記なきものは、長坂一郎

＊1　ハーマンミラー社HP http://www.hermanmiller.co.jp/

＊2　Newton Henry Black, Harvey N. Davis

＊3　中島智章

＊4　Carol M. Highsmith

＊5　アドルフ・マイヤー著，真包博幸訳，『バウハウス叢書(3) バウハウスの実験住宅』，中央公論美術出版，1991年7月

＊6　「バウハウス 芸術教育の革命と実験」展図録，川崎市市民ミュージアム，1994年

＊7　合同会社CEST (Center for Environmental Structure Tokyo) 代表 中埜博

＊8　『季刊 ディテール150号』p.53「ピッツア・エクスプレス」，彰国社，2001年9月

＊9　Google Earth Image ©2015 Digital Globe, Image ©2015 Geo Eye

＊10　木下庸子・宇佐美潔・松本文夫編著，『設計する身体をそだてる　考えを伝える図面の技術』，彰国社，2013年4月

長坂一郎（ながさか　いちろう）

1966年生まれ
1990年　早稲田大学理工学部建築学科卒業
1992年　AAスクール修了
1993年4月—1995年10月 フェーズ計画研究所
1998年　東京大学大学院工学系研究科博士課程精密機械工学専攻修了
1999年　神戸大学工学部助手
2002年　神戸大学文学部助教授
現在、神戸大学大学院人文学研究科教授

著書
『部分と全体の哲学：歴史と現在』松田毅編著、春秋社、2014年
「第2部第4章 機能のオントロジー」を担当執筆
『建築のデザイン科学』日本建築学会編、京都大学出版会、2012年
「第4章 デザインと論理」を共同執筆
『デザイン・コンピューティング入門—Pythonによる建築の形態と機能の生成・分析・最適化』日本建築学会編、コロナ社、2017年
pp.139-156「デザインに関する知識の処理」を担当執筆

デザイン行為の意味を問う
クリストファー・アレグザンダーの思考の軌跡

2015年7月10日　第1版 発　行
2023年8月10日　第1版 第4刷

著作権者との協定により検印省略

著　者　長坂一郎
発行者　下出雅徳
発行所　株式会社 **彰国社**

162-0067 東京都新宿区富久町8-21
電話　03-3359-3231（大代表）
振替口座　00160-2-173401

自然科学書協会会員
工学書協会会員

Printed in Japan

印刷：壮光舎印刷　製本：誠幸堂

ISBN 978-4-395-32046-2　C3052　https://www.shokokusha.co.jp